실용음악대학 입시문제집 ⑤

건 반 화 성

평가 · 예상문제집

score♪

Recommendation 추천감수

입시생을 위해 이토록 잘 정리된 문제집은 보지 못하였다. 풀어 갈수록 이론 실력은 차곡차곡 쌓여질 것이며, 실기 실력은 실타래를 풀듯 나도 모르게 거침없이 펼쳐질 것이다.

김광민 – 재즈피아니스트, 동덕여대 실용음악과 전임교수

국내대학의 실용음악관련 학과의 입시정보를 전공별로 잘 구분하여 요약해놓은 매우 유용한 자료이며 또한 대학에서 음악전공을 하기위해 필요한 재즈 화성 및 시창청음을 연습할 수 있도록 도와주는 좋은 길잡이이다.

민경인 – 재즈피아니스트, 국제예술대학 교수

실용음악통론, 시창청음, 건반화성, 화성학, 작곡 등 실용음악에 꼭 필요한 다섯 과목이 완벽하게 구성된 이 적중! 시리즈로 입시를 꼼꼼히 준비한다면 합격을 100% 예상해도 좋을것이다.

이정선 – 동덕여대 실용음악과 전임교수

실용음악대학 입시 평가문제집에 목말라있던 많은 입시생들에게는 희소식이 아닐 수 없다. 이 다섯 과목이야말로 실용음악을 시작한 당신에게는 중요한 터닝포인트가 될 수 있을 것이다.

정재열 – 재즈피아니스트, 목원대학교 작곡재즈학부 교수

음악에 있어 이론은 속옷과 같다. 가장 기본적 이면서 가장 필수적이고 때로는 자신만의 개성을 나타낼 수 있는 은밀함. 가장 아름다운 음악의 겉옷을 입고 싶다면 이 책을 통해 세상에서 가장 은밀한 음악의 속옷을 한 벌씩 장만하기를 바란다.

이두헌 – 기타리스트, '이두헌의 리듬기타' 저자, 전 경희대 포스트모던음악과 겸임교수

실용음악학과를 지원하는 모든 사람학생들에게 가장 "실용"적인 가이드로서, 체계적이고 종합적인 내용이 돋보인다. 입시의 성패를 가르는 기초 실력과 상세한 정보 및 문제풀이는 해마다 높아져가는 경쟁률 속에서 자신의 위치를 선두에 놓을 수 있는 좋은 내용으로 채워져 있다.

정수욱 – 기타리스트, 프로듀서 실용음악학과(한양대, 호원대) 교수

점점 치열해지는 실용음악대학 입시생들에게는 눈에 넣어도 아프지 않을 만한 교재가 나왔다. 너무 막연하여 눈물짓던 입시생들에게 있어서 이 교재는 합격을 결정지을 카운터펀치를 날릴만 하기 때문이다.

마도원 – 작곡가, 동덕여대 실용음악과 전임교수

작곡은 떠오르는 아이디어를 어떻게 담아내느냐가 중요하지요. 본 실용음악입시를 위한 작곡 평가문제집은 실용음악을 공부하고자 하는 작곡 입문서로 추천코자합니다. 입시생은 물론 작곡 초보자라도 쉽게 접근할 수 있는 도움서가 아닐까 생각됩니다.

박경규 – 작곡가, 국악방송국 본부장 / 의공학박사

유지선은 확실히 재능있는 뮤지션이며, 뛰어난 교육자이다.
물론, 그녀가 심혈을 기울인 이 작곡교재도 그녀의 평가를 거스르지 않게 효율적이며 실용적이다.
아무쪼록 이 귀한 책이 필요한 사람에게 유익하게 읽혀지기를 기대한다.

정순도 – 상명대학교 뉴미디어음악학과 교수

시중에 소개되어있는 수많은 교재 중에 입시 작곡에 초점을 두고 이렇게 전문화된 내용을 제공하는 서적도 드물 것이다. 본인의 곡은 수많은 시간을 투자해 완성해가면서도 막상 입시 작곡 필기시험에 약점을 드러내는 경우를 무수히 보아왔다. 본 교재를 통해 작곡에 대한 기본적인 방법과 응용력을 높이고 더 나아가 작곡에 필요한 여러 가지 요소들 (멜로디, 화성, 리듬, 곡의 형식 등)을 쉽게 익힐 수 있을 것이다.

최 진 – 수원여대 대중음악과 교수 / 동아방송예술대학 출강

근래 홍수처럼 쏟아지는 수많은 입시용 실용음악 이론서들 중 단연 돋보이는 챕터구성과 아이디어가 저자의 오랜 강의경험과 연구의 결과물임을 입증합니다. 입시준비는 물론 전공활용 도서로써도 손색없는 고급 예제와 문제들이 본서의 높은 경쟁력이라고 말씀드리고 싶습니다.

신창섭 – 그리스도대학교 뉴미디어음악학과 교수

실용음악과 입시가 점점 치열해지는 요즘 입시생들에게 꼭 필요한 책이 나왔네요.
연습문제 중심이어서 여러분의 실력 향상에 더욱 도움이 될 것입니다.

장효석 – 색소포니스트, 호원대학교, 한양여대 실용음악과 출강

드디어 실용음악과 입시생들을 위한 최고의 교육 자료가 출간되어 음악 교육계에 종사하는 저로서는 더할 나위 없이 기쁩니다. 이 교재를 통해 국내 대중음악계가 더욱더 발전되기를 기원 합니다.

박행준 – 색소폰 교육 전문가

이 책의 내용 중 모르는 게 있다면 여러분은 아직 입학시험을 치룰 준비가 안 된 것이다.

손성제 – 색소포니스트, 서울예대, 호원대학교 실용음악과 겸임교수

입시를 위한 정보와 시창, 청음에 대한 Training method가 잘 정리되어 있는 책입니다.

방현승 – 동덕여대 실용음악과 전임교수

a concise manual for reviewing basics of contemporary music. Highly recommended.

한민석(Zachary Hahn) – 기타리스트, 동덕여대 실용음악과 전임교수

책을 접하는 학생의 시선을 오래 잡아둘 수 있도록 보기 편하고 짜임새 있고 친절하게 잘 만들어진 책이라 생각합니다. 연주자로서 최선을 다하는 저자의 모습만큼 이나 열정을 다한 흔적을 느낄 수 있네요. 저도 바로 수업에 활용해야겠습니다.

김혜능 – 작곡, 보컬, 백석대학교 기독교문화예술학부 기독교실용음악전공 전임교수

기존의 이론 서적은 설명 위주였다면 이 책은 생생한 입시정보와 실전문제를 통해 학생이 스스로 주도적인 공부와 점검을 하기에 아주 유용한 장점을 지녔다 생각됩니다.
튀는 감각의 젊은 저자의 에너지를 팍팍 느끼며 재밌고 즐겁게 공부하세요!

이지원 – 피아니스트, 동덕여대, 호원대 실용음악과 출강

섬세하고 정통한 내용으로 가득 차있는 이 책 한권을 통해 개인레슨을 받았다는 느낌을 얻을 정도로 저자의 풍부한 지도경험이 느껴진다. 강력히 추천!

유미란 – 보컬 동아방송예술대학교 엔터테인먼트학부 방송연예계열 K-POP전공 전임교수

입으로만 전해오던 각 학교 입시의 특성과 합격자의 곡을 분석하는 등 다방면의 접근을 통해서 여느 대학들처럼 커트라인과 기출문제가 존재하지 않는 모호한 음악 입시공부에 큰 도움이 되리라 본다.

권순관 – 노리플라이

화성학, 청음 교재를 추천해 달라는 학생들의 물음에 이제는 자신 있게 권할 수 있는 책이 있어 행복합니다. 이론을 꽉 잡고 바로 실기에 적용할 수 있는 최고의 교재!

이지원 – 작곡 동덕여대, 호원대 실용음악과, 연세디지털콘서바토리 출강

문제 연구 개발 집필진

수원여자대학교 대중음악과, 음악과 출강
대불대학교 실용음악학부 출강
충청대학교 실용음악과 출강
제주한라대학교 음악과 출강
서울종합예술학교 실용음악예술학부 출강
한국콘서바토리 실용음악계열 CCM학부 출강
서울호서예술전문학교 실용음악예술계열 출강
동아방송예술대학교 실용음악학부 졸업 (작곡, 피아노)
동덕여자대학교 공연예술대학원 실용음악과 석사과정 졸업 (피아노)

이혜미 – 실용음악통론 · 화성학 · 건반화성 · 시창청음 편저

現 동아방송예술대학 출강중
'허니뮤직' 대표
'Summer Dream'싱글 발매(2012년 7월)
영화 '구세주2' 음악감독 및 OST 작곡(2009년2월 개봉작)
컴필레이션앨범 '사랑을 놓치다' 스트링편곡 밑 편곡
('사랑을 놓치다'–MY entertainment발매)
KBS드라마 '장희빈' 일본수출판 엔딩 타이틀곡 작곡(2008년 4월)
탤런트 '강은비' 솔로앨범 리메이크
('사랑은 창밖에 빗물같아요' –sky entertainment발매)
까르띠에CF BGM작곡(까르띠에 소장품전CF)
KBS드라마 '며느리전성시대', '사랑과전쟁' 다수 BGM작업 참여
KBS드라마 '스타' 일본수출판 Sound Oper. BGM editor
음악저작권협회KOMCA회원/CBS라디오공개방송가수'진주'건반세션
iTV테마콘서트 '만남' 가수 '진주' 건반세션
MBC드라마 '고백' 재즈피아노 연주자 출연
대학로 '폴리미디어시어터'공연/CTS방송국 Art홀 공연/상상마당 공연
동아방송예술대학 영상음악과 '작곡전공'졸업(02학번)
상명대학교 대학원 컴퓨터음악(뉴미디어음악) 석사中

유지선 – 작곡 편저

Berklee College of Music World Scholarship Tour 03' 1st place of
Vocal : $5,000 an year
보스톤 worship 밴드 공연
Singer's Night BPC
JYP뉴욕공연 Background Vocal / New York 미봉축 대법회 공연
B.M Degree in Professional Music (Vocal Principle)–2008 Berklee
College of Music, Boston, MA
2009년 서울예술대학 실용음악과 출강 ~ 현재
2010년 명지전문대 실용음악과 출강 ~ 현재
2010년 동아대학교 예술대학 음악학부 출강 ~ 2011.2까지
2010년 대구예술대학 실용음악과 출강 ~ 2011.12
2011년 명지대학교 컨서바토리 실용음악과 출강 ~현재
2011년 현큐브엔터테이먼트 보컬트레이너
　　　백석예술대학 실용음악과 출강 ~현재

이길상 – 시창청음 공저

이 책의 구성과 특징

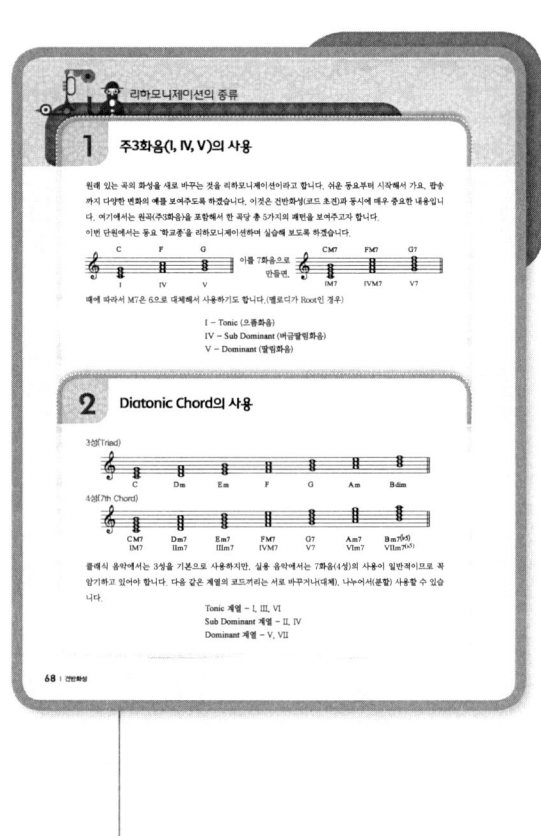

● **100가지 패턴**

코드 초견을 위해 꼭 알아야 할
패턴 100가지를 수록하였습니다.

● **개념정리**

초견 연주에 필요한 개념을 정리하여
이론적인 부분을 함께 학습할 수 있도록
하였습니다.

실습문제

잘 알려진 곡들을 다양한 형태로
리하모니제이션하여 직접 연주해
보도록 하였습니다.

이론 Tip

각 곡에 나타나는
주요 리하모니제이션의
개념을 따로 설명하여
이해를 돕도록 하였습니다.

머리말

이 책에서는 실용음악과 입시에서 일반적으로 '코드 초견'이라고 불리는 건반화성(Keyboard Harmony)의 다양한 패턴들과 리하모니제이션(Reharmonization)의 방법들을 다뤘습니다. 지금까지 배웠던 실용음악통론과 화성학, 작곡, 시창·청음 등을 총 망라한 내용이라고 보아도 무방합니다.

건반화성은 입시곡과는 별개로 요구되는 즉흥적인 연주 능력을 평가하기 위한 것이고, 이것은 합격 당락을 좌우할 수도 있는 매우 중요한 것입니다. 리하모니제이션 역시 즉흥적인 편곡 능력과 그것을 표현할 수 있는 연주 능력, 그리고 동시에 빠르게 조바꿈이 가능한지를 동시에 평가하기 위한 방법입니다. 이 책에서는 총 15곡을 다루었는데, 전부 쉬운 Key로 편곡하였고, 모든 조(12 Key)로 연습하면 가장 좋겠지만 시간이 주어지는 만큼 가능한 다양한 Key로 이조해서 연습하기 바랍니다. 또한 각 곡마다 코드 배치의 구조와 개연성을 충분히 분석하고 설명하였으므로, 자신이 알고 있는 다른 곡에도 적용하여 많이 연습하고 연구해보면 좋겠습니다.

이런 실기 평가 방법이 클래식 음대 입시와 실용음악 입시의 가장 큰 차이점이라고 설명할 수 있습니다. 교수님들이 보통 1~2분의 입시곡 연주 이후에 요구하는 즉흥적인 것들은 모범 답안이나 악보가 존재하는 것이 아니기 때문에 암기해 갈 수도 없을 뿐더러, 어떤 곡을 어떤 스타일로 요구할지 아무도 예측할 수가 없습니다. 그리고 이런 것들을 대비할 수 있는 능력이 단기간에 좋아질 가능성은 희박하므로 입시곡에 대한 연습 만큼이나 많은 공을 들여서 준비해야 하는 것이 건반화성입니다. 또한 음악에는 다양한 멜로디와 수많은 경우의 수들이 있으므로 가능한 여러 상황에 많이 적용하여서 연습해야 합니다. 앞으로 자기 음악을 스스로 만들고, 잘 하고 싶은 사람들이라면 이 정도의 내용은 필수라고 생각하기에 단지 이 책의 독자가 피아노나 작곡 전공에 국한되지 않기를 바랍니다.

같은 이론을 가지고 편곡을 해도 사람마다 조금씩의 느낌 차이가 생기며, 남의 작품을 많이 접하는 것도 큰 도움이 됩니다. 이 책을 가지고 여러분 주변의 음악 친구, 선후배들과 좋은 음악적인 교류들이 생기면 좋겠습니다.

Contents

실기시험 당일 주의사항

1 수험표, 신분증

수험표를 가져오지 못했을 경우 당황하지 말고 도우미에게 얘기하여 도움을 청하도록 합니다.

2 시험장 도착 시간

시험 당일 최상의 컨디션을 위해서는 시험장 여유있게 도착하여 시험을 준비하는 것이 좋습니다. 시험장까지 소요 시간을 체크해보고 시험 시작 시간보다 30분정도 일찍 도착할 수 있도록 합니다.

3 MR

연주시 MR을 사용하는 경우에는 꼭! 미리 확인을 해야 합니다. CD-R, CD-RW의 형태의 CD는 플레이어에 따라 지원이 되지 않는 경우가 있습니다. 시험장에서 준비해간 MR CD가 재생되지 않을 경우 무반주로 시험을 치러야 하기 때문에 사전에 여러 플레이어에서 테스트 해보는 것이 좋습니다.

4 반주자

반주자를 대동하여 시험장에 가는 경우, 간혹 반주자가 시험장에 늦는 경우가 있습니다. 반주자가 늦는 것을 방지하기 위해 시험 당일 아침에 반주자와 다시 한 번 연락하여 약속 시간과 장소를 확인하도록 합니다.

보이싱과 100가지 코드 패턴

1

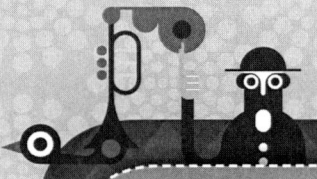
1 클로즈 보이싱(Close Voicing)

보이싱이란, 멜로디를 제외한 코드의 구성음을 수직적으로 쌓는 것을 말합니다. 보이싱을 잘하기 위해서는
코드의 구성음을 정확히 알고 있는 것이 반드시 필요합니다.
일반적으로 건반화성(코드 초견)을 할 때 전공에 따라서 필요한 부분이 다릅니다. 보컬 전공의 경우 클로즈
보이싱(오른손)만 쳐도 무방하나, 작곡이나 피아노 전공의 경우에는 반드시 양손으로 클로즈, 오픈 보이싱
을 넘나들면서 연주해야만 합니다.

클로즈 보이싱은 일반적으로 코드의 구성음이 1옥타브 안에 모여 있는 경우를 말합니다.

음악적 성향에 따라 보이싱의 방법은 다양하기 때문에 이 책의 정답은 참고만 하기를 바라며, 7화음 위주의
코드 패턴이지만 자리바꿈과 텐션을 자유롭게 사용하여 연습하기를 바랍니다.
또한, 이번 Chapter에서는 각기 다른 100가지 코드 패턴을 클로즈 보이싱과 오픈 보이싱으로 실습하게
됩니다. 다양한 코드 패턴과 보이싱은 많은 연습이 필요하기 때문에 클로즈 보이싱의 문제는 오픈 보이싱
으로, 오픈 보이싱의 문제는 클로즈 보이싱으로도 실습하기를 바랍니다.

실 습 문 제

◎ 코드 패턴을 보고, 클로즈 보이싱을 악보로 완성한 뒤 연주해 보세요.

1.

| C | | C/E | | F | | G7 | | A m | | F | | D m7 | G7 | C | |

2.

| A | | A/G | | D/F♯ | | D m6/F | | A/E | | F♯m7 | | B 7 | | E 7 | |

3.

| G m7 | C7 | F M7 | | F m7 | B♭7 | E♭M7 | | D m7(♭5) | | G 7 | | C m7 | | F 7 | |

4.

| F | | G m7 | | A m7 | | B♭ | B♭m | A m7 | | D m7 | | G 7 | | C 7 | |

실 습 문 제

◉ 코드 패턴을 보고, 클로즈 보이싱을 악보로 완성한 뒤 연주해 보세요.

5.
| A♭M7 | Fm7 | B♭m7 | E♭7 | Fm7 B♭7 | E♭m7 | A♭7 | D♭M7 E♭7 |

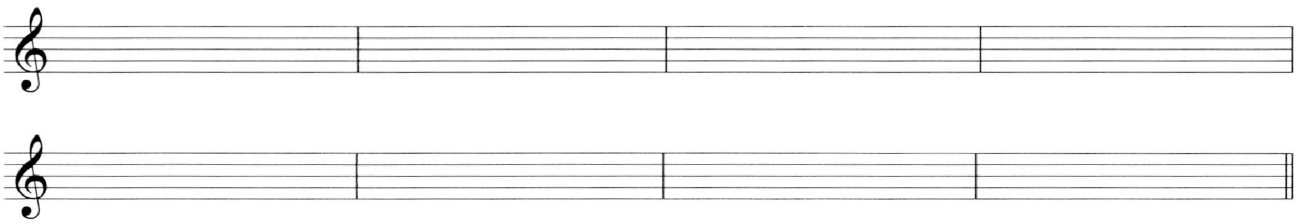

6.
| Em7 | F♯m7 | G | Em7(♭5) A7 Dm7 | Gm7 | Cm7 | Am7 B7 |

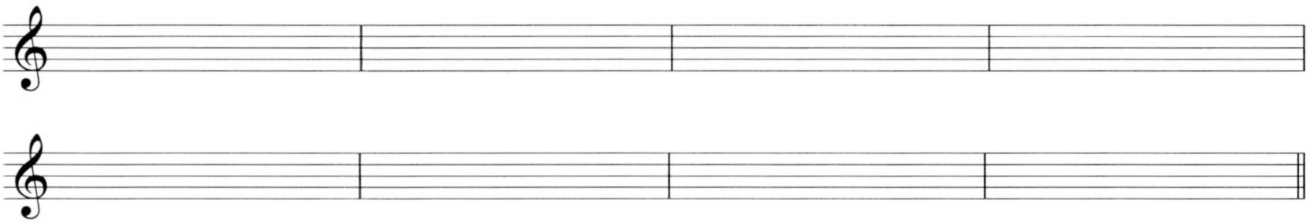

7.
| F | Em7(♭5) A7 Dm7 | G/B | Gm7 | C7 | F | F |

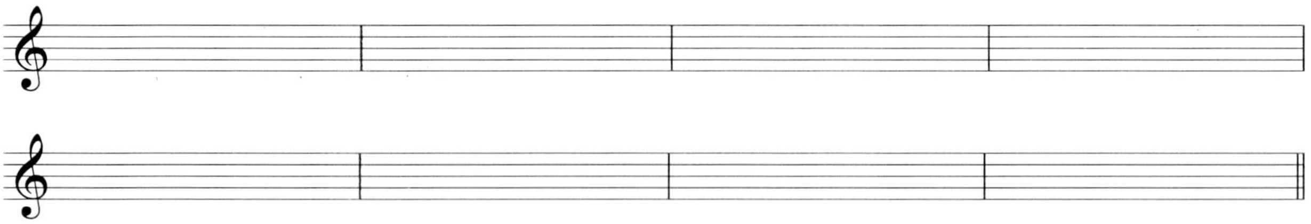

8.
| Dm7 | G7 | Gm7 C7 Am7 D7 G/B | C C7 | F | B♭M7 |

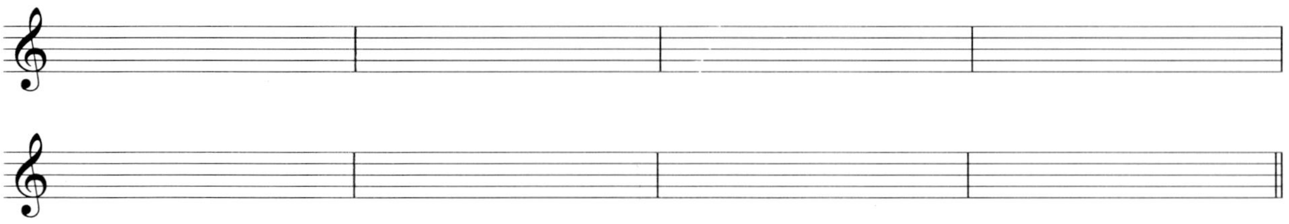

실습문제

◎ 코드 패턴을 보고, 클로즈 보이싱을 악보로 완성한 뒤 연주해 보세요.

13.

| F | F/G | A | F/G | F#m7 | A/E | Bm7 E7 | B♭m7 E♭7 |

14.

| C C/E F | Dm7 | E7 | Am7 | F/G G | F C/E | Dm7 G7 |

15.

| G | Gaug | G6 | G7 | C | Bm7 Em7 | Am7 | D7 |

16.

| B♭ Gm7 Cm7 F7 | Dm7 | G7 | Cm7 | Cm7/B♭ | Am7(♭5) | D7 |

실 습 문 제

◎ 코드 패턴을 보고, 클로즈 보이싱을 악보로 완성한 뒤 연주해 보세요.

21. | Am6 | Am6 | Dm6 | Dm6 | Bm7(♭5) | E7 | Am7 | Am7 |

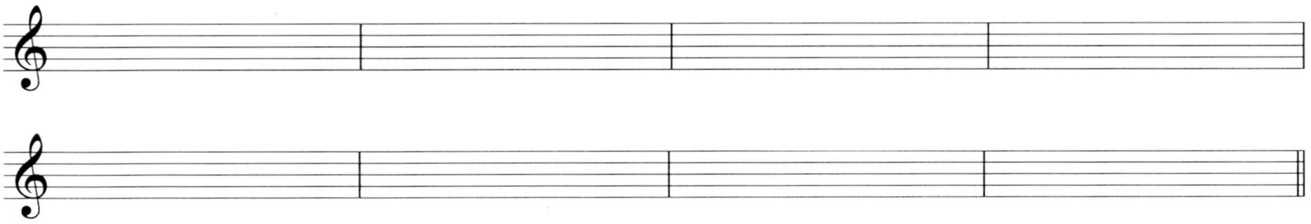

22. | FM7 | Cm7 F7 | B♭M7 | B♭m7 E♭7 | Am7 D7 | Gm7 C7 | Am7 D7 | Gm7 C7 |

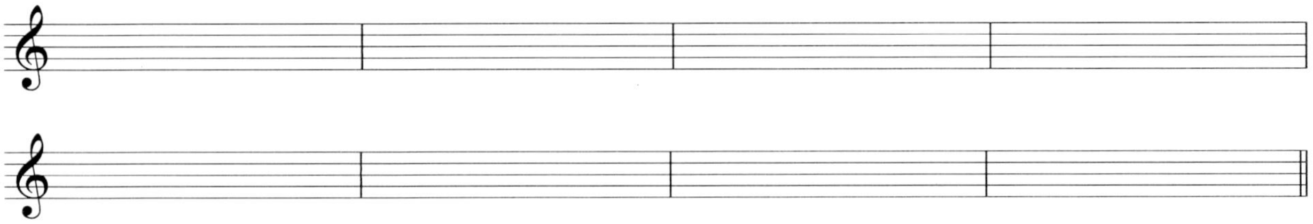

23. | D7 E♭7 | D7 | G7 A♭7 | G7 | C7 D♭7 | C7 | Gm7 C7 | F |

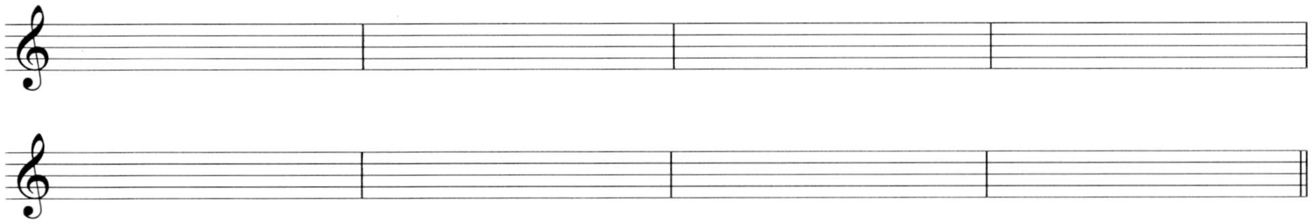

24. | Dm7 A7 | Dm7 | Cm7 F7 | B♭7 A7 | Dm7 G7 | CM7 A7 | Dm7 Dm7/C Bm7(♭5) | E7 |

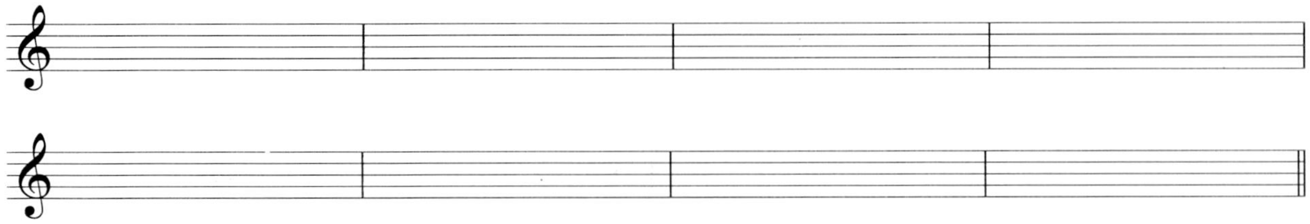

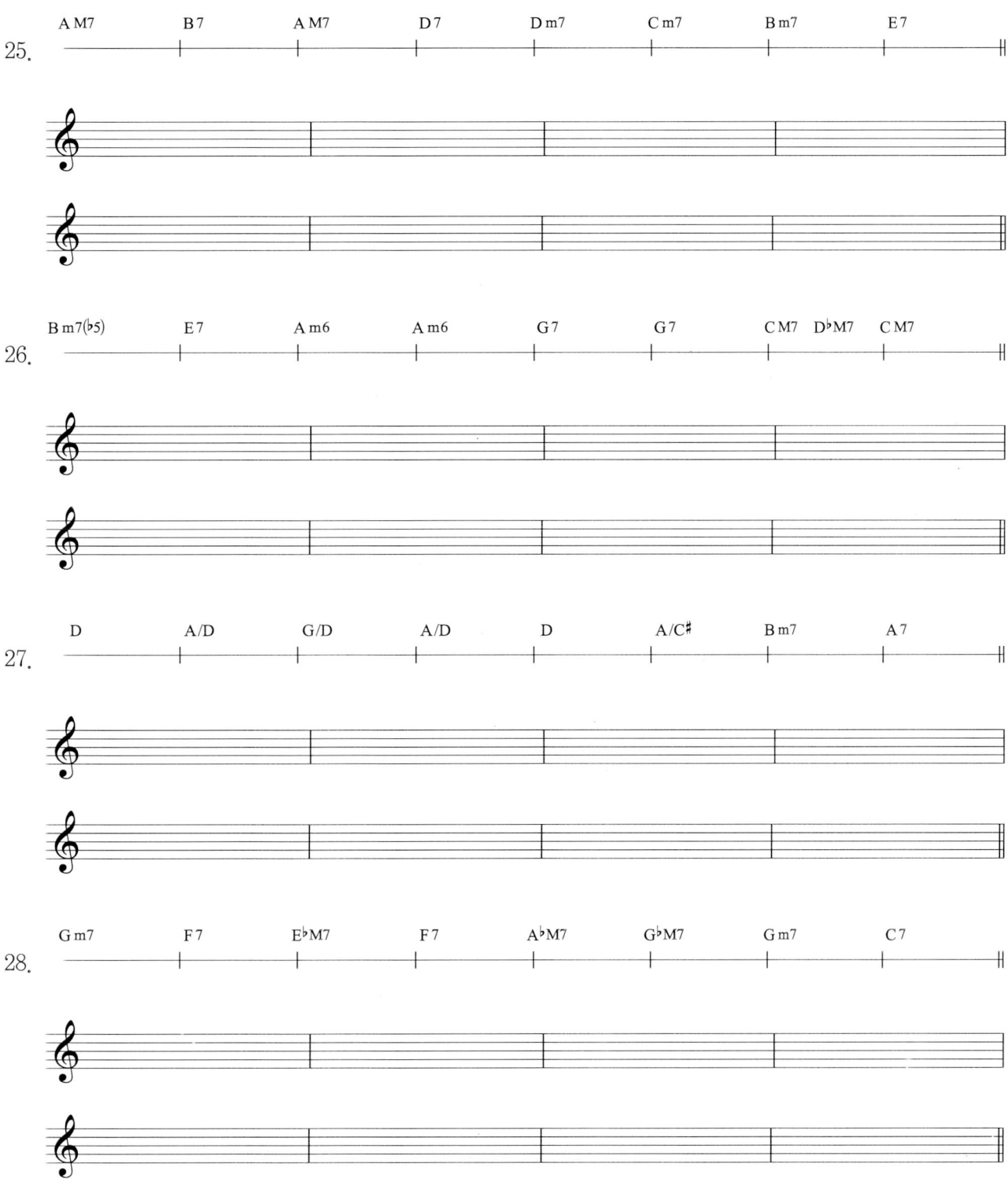

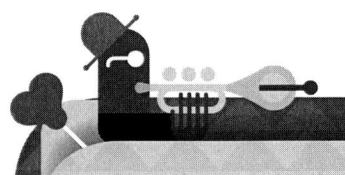

실습문제

◎ 코드 패턴을 보고, 클로즈 보이싱을 악보로 완성한 뒤 연주해 보세요.

29.

| DM7 | C7 | FM7 | A♭7 | D♭M7 | B7 | EM7 | D7 | GM7 | F7 | B♭M7 | D♭M7 | G♭M7 | G7 | CM7 | A7 |

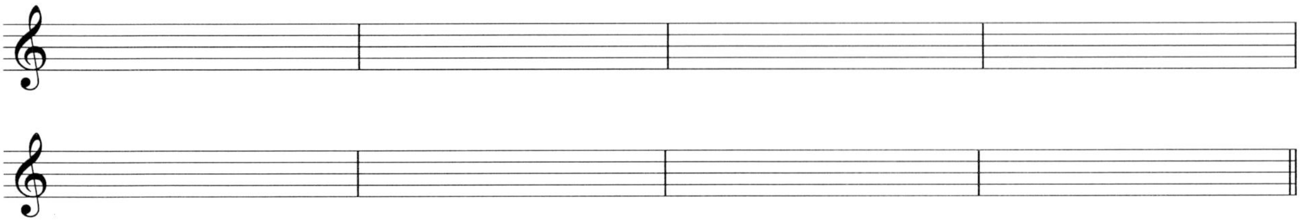

30.

| F#m7(♭5) | | F7 | | Em7 | | E♭7 | | Dm7 | | D♭M7 | | CM7 | | CM7 | |

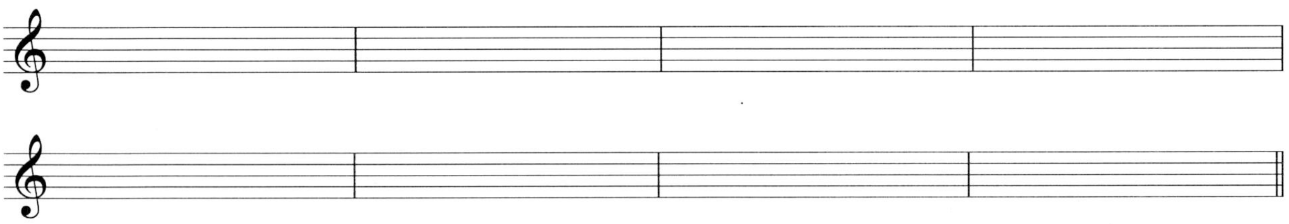

31.

| Gm7 | C7 | Am7(♭5) | D7 | Gm7 | C7 | FM7 | B♭7 | B♭m7 | E♭7 | A♭M7 | D♭M7 | Gm7 | C7 | FM7 | |

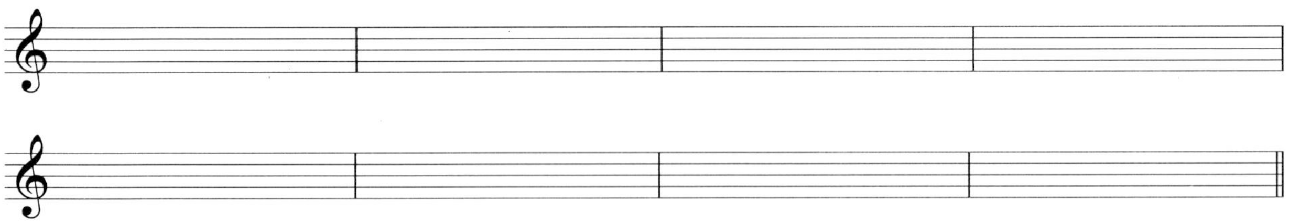

32.

| Am7 | | D7 | | GM7 | Am7 | Bm7 | | Gm7 | | D♭7 | C7 | FM7 | | B♭7 | |

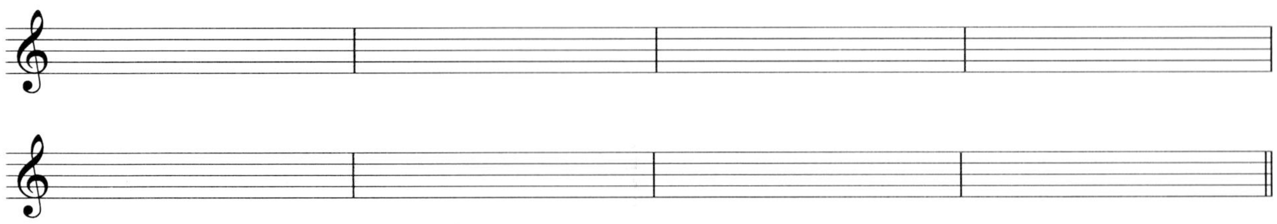

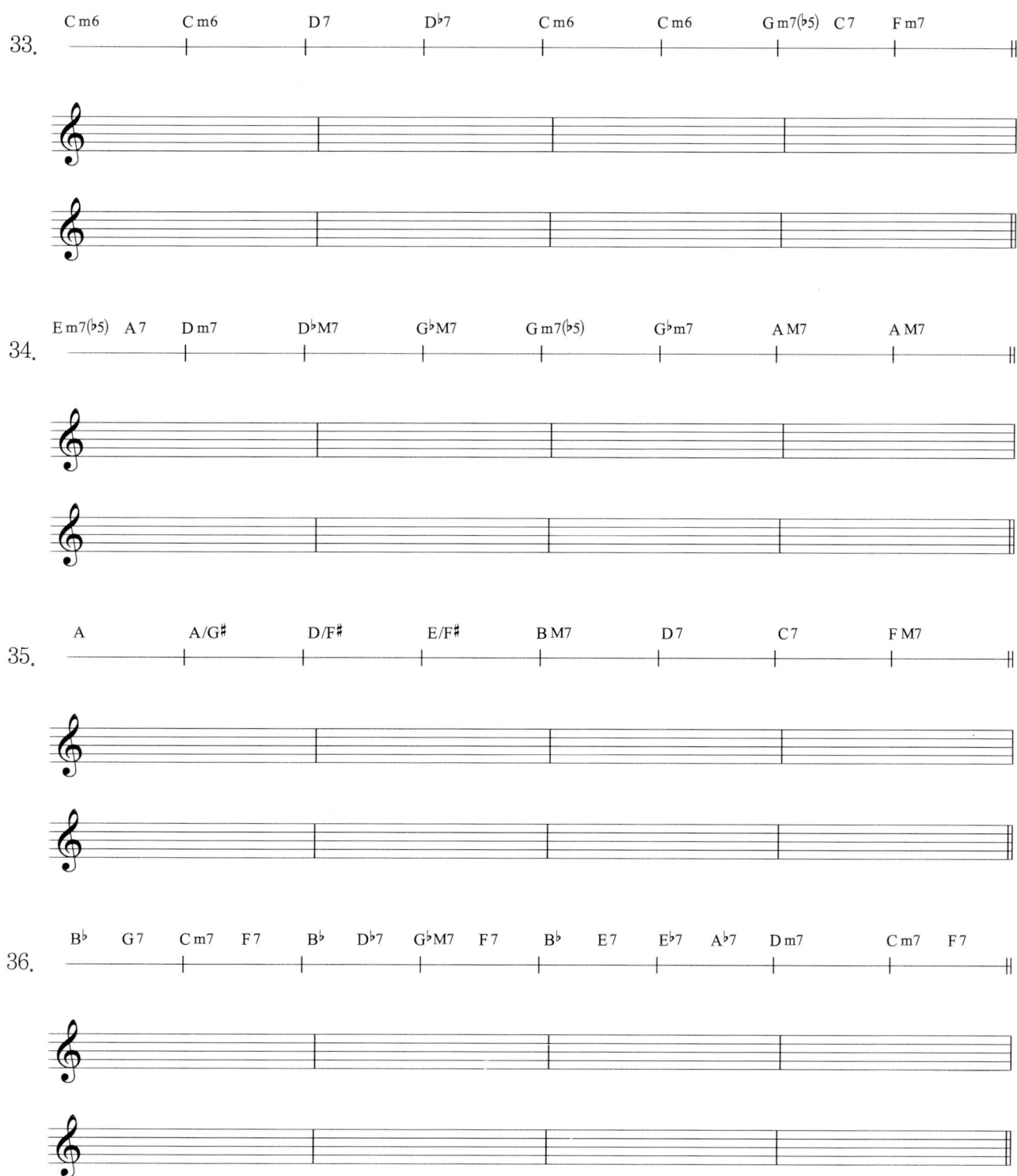

실습문제

◎ 코드 패턴을 보고, 클로즈 보이싱을 악보로 완성한 뒤 연주해 보세요.

37.
B♭m7 / B♭m7 / G♭M7 / G♭M7 / F aug7 / G m7 / A♭ / F 7

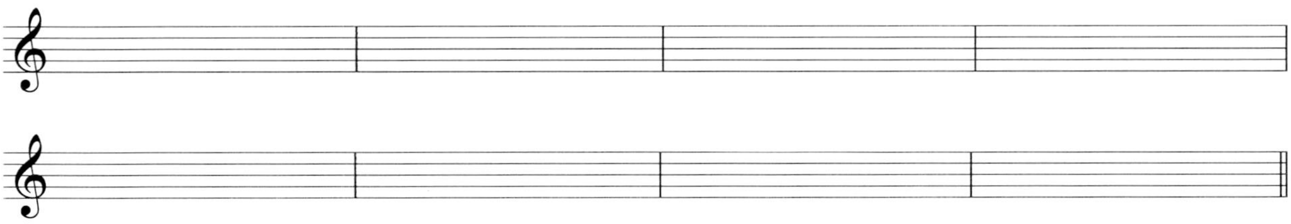

38.
G 7 / D m7 G♭7 / G 7 / D♭m7 G♭7 / C m7 F 7 B 7 / B♭7 / A m7 D 7

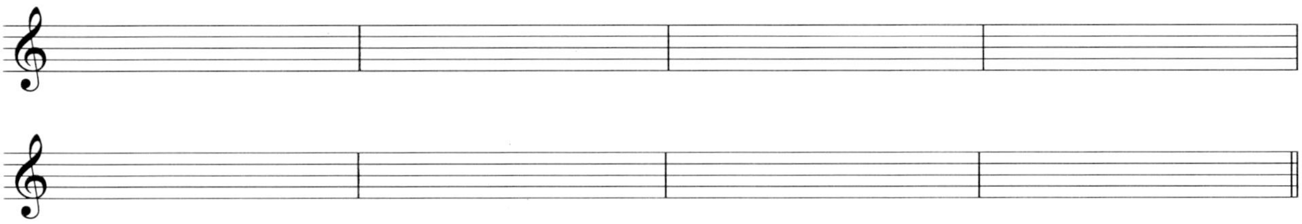

39.
E♭M7 / B♭m7 / E♭M7 / B♭m7 / E♭M7 / D 7 / D♭ / D♭m7 G♭7

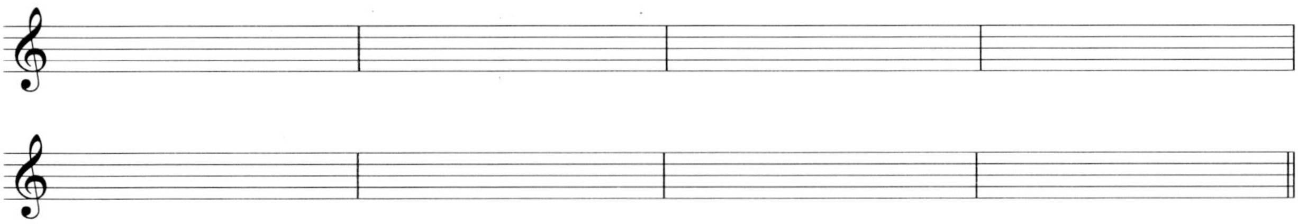

40.
A m7 / E 7 / A m7 / G♯dim7 / A m7 / E 7 / C m7 / F 7

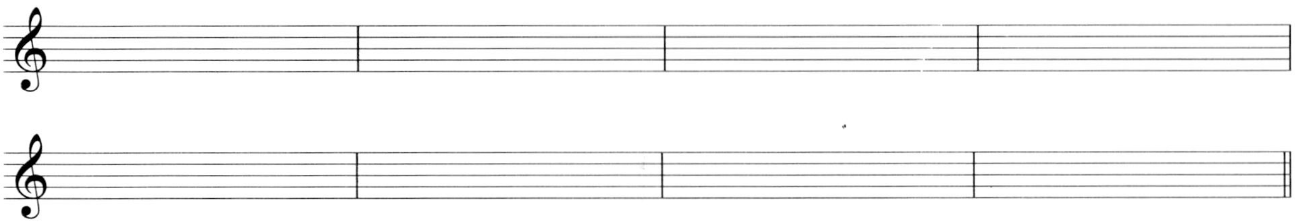

실 습 문 제

◎ 코드 패턴을 보고, 클로즈 보이싱을 악보로 완성한 뒤 연주해 보세요.

45.

| E♭ | Edim7 | F m7 | F#dim7 | E♭ | C m7 | F 7 | E♭ | C m7 | G m7 | C 7 | F 7 | B♭7 | E♭ |

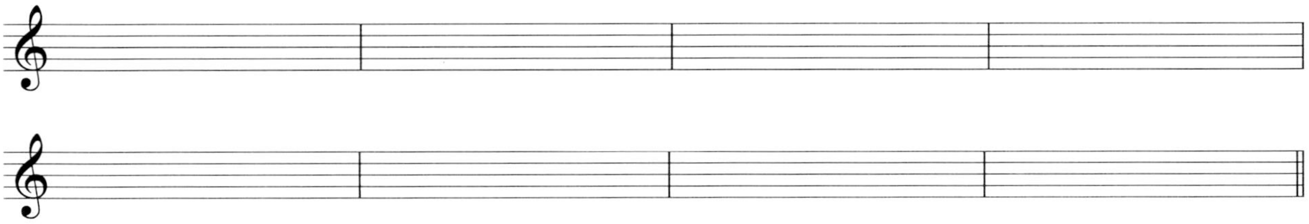

46.

| F m7 | G m7(♭5) | C 7 | F m7 | C m7(♭5) | F 7 | B♭m7 | E♭7 | A♭M7 | G m7 | C 7 |

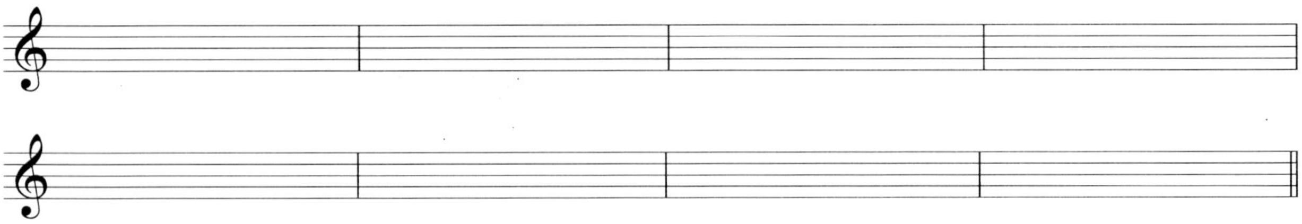

47.

| A♭M7 | B♭m7 | E♭7 | C m7 | D♭m7 | G♭7 | G m7 | F 7 | B♭m7 | E♭7 | A♭M7 | B♭m7 | E♭7 |

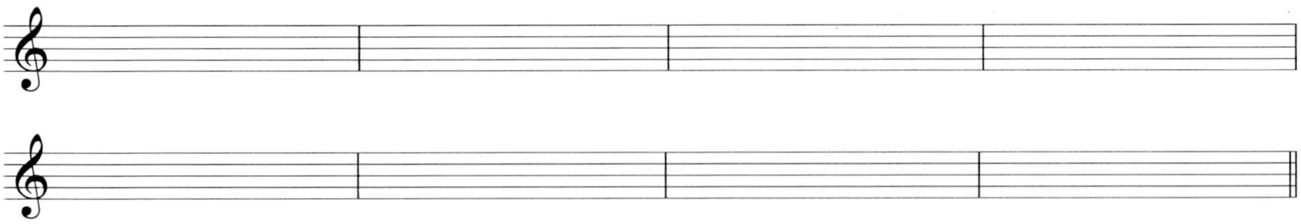

48.

| D M7 | E m7 | A 7 | D M7 | C#m7 | F#7 | F 7 | B♭m7 | F 7 | E♭7 |

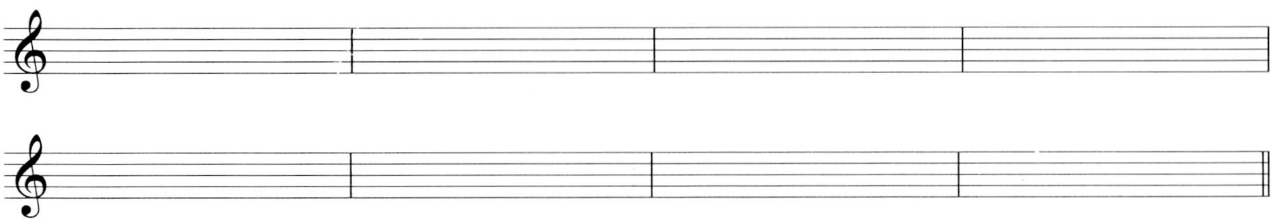

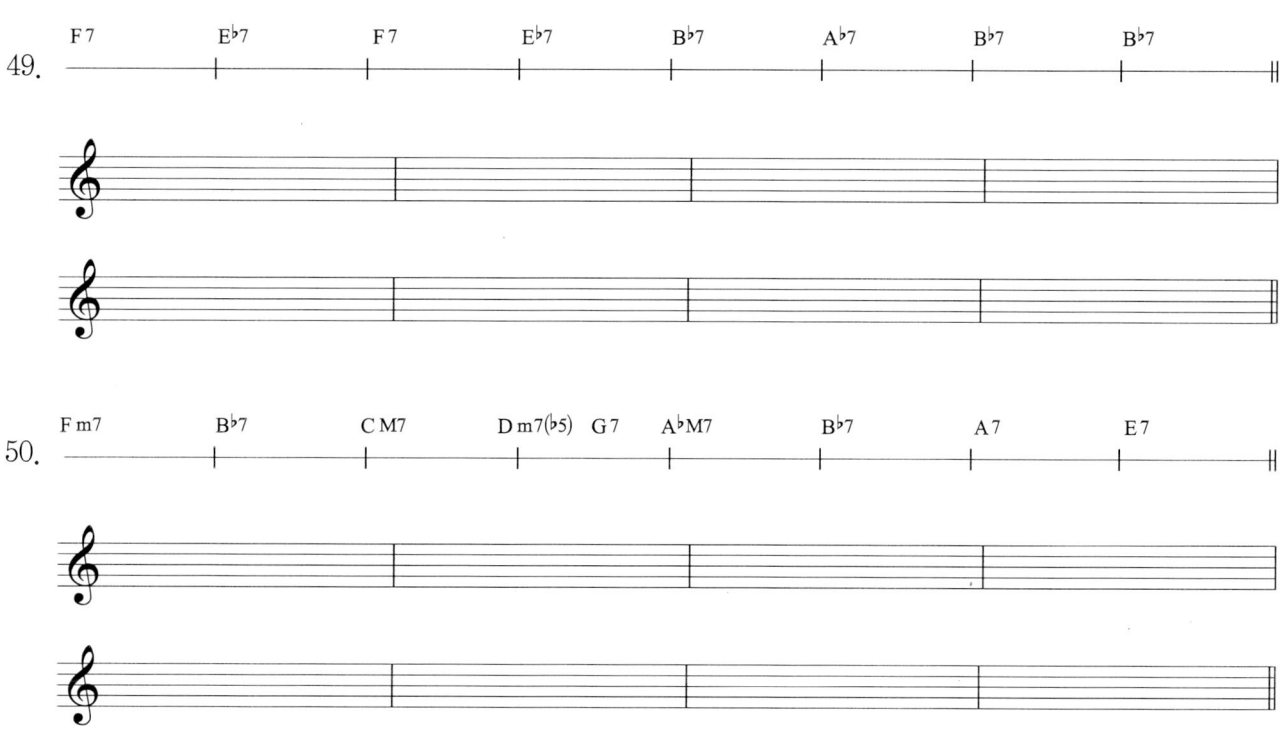

49.

| F7 | E♭7 | F7 | E♭7 | B♭7 | A♭7 | B♭7 | B♭7 |

50.

| Fm7 | B♭7 | CM7 | Dm7(♭5) G7 | A♭M7 | B♭7 | A7 | E7 |

2 오픈 보이싱(Open Voicing)

오픈 보이싱은 1옥타브를 벗어나는 경우를 말하지만 언제나 절대적인 기준은 아닙니다.

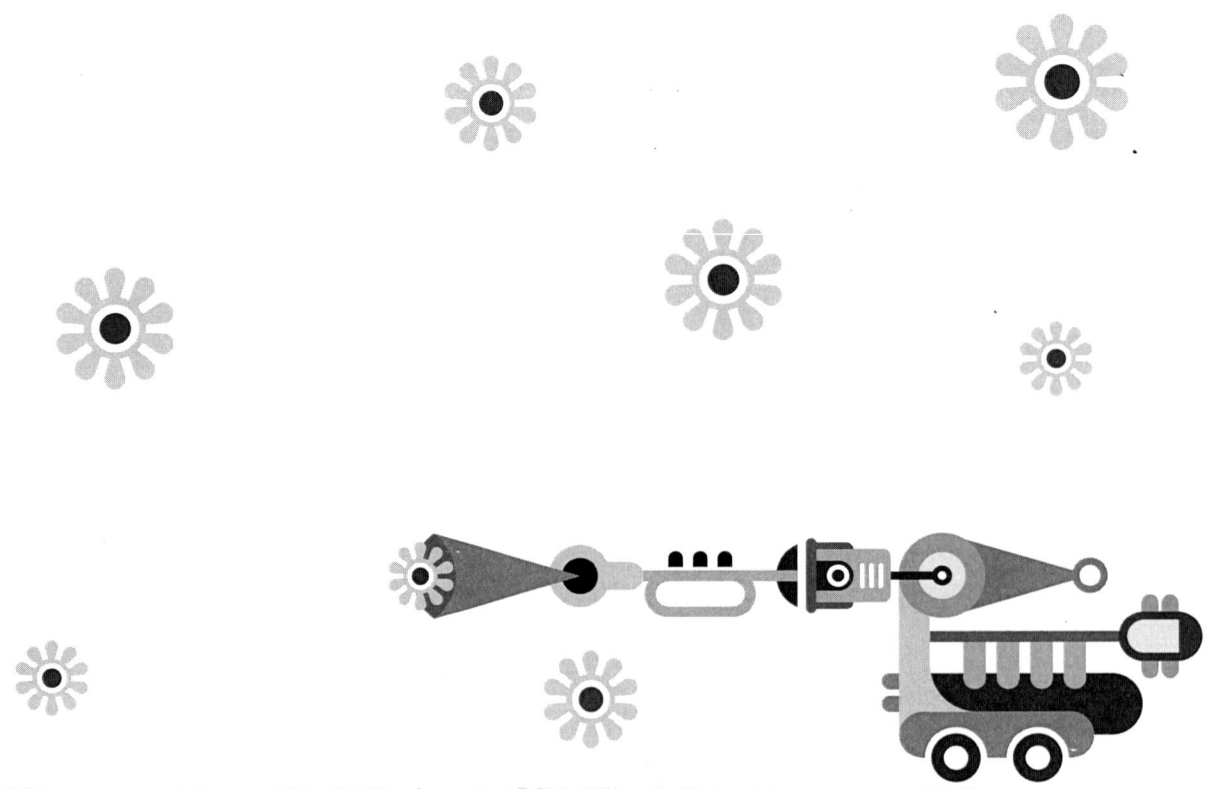

클로즈 보이싱과 오픈 보이싱의 가장 쉬운 구별 방법은 옥타브 내에서 모아 보이싱하게 되면 클로즈 보이싱,
옥타브를 넘나들며 벌려서 보이싱 하게 되면 오픈 보이싱 입니다. 반드시 소리로 구별해서 인지해야 합니다.

실 습 문 제

◎ 코드 패턴을 보고, 오픈 보이싱을 악보로 완성한 뒤 연주해 보세요.

1.

| C | Cm | G | A7 | C | D7 | G E7 Am |

2.

| G | F#m7(♭5) B7 | Am Am/G Gm7 F7 | D7 | G7 | C7 | F7 |

3.

| Em7 | Am7 | Em7 | Am7 | F#7 | F#7 | B7 | B7 |

실습문제

◎ 코드 패턴을 보고, 오픈 보이싱을 악보로 완성한 뒤 연주해 보세요.

4. | F | Cm7 F7 B♭ | B♭dim7 | Am7 A♭7 Gm7 C7 | F | Gm7 C7 |

5. | Dm7 | Em7(♭5) A7 Dm7 | Em7(♭5) A7 Cm7 F7 B♭M7 | Em7(♭5) A7 DM7 |

6. | Cm7 F7 B♭M7 | B♭m7 E♭7 A♭M7 | A♭M7 D♭7 G♭M7 | Gm7 C7 FM7 |

실습문제

◎ 코드 패턴을 보고, 오픈 보이싱을 악보로 완성한 뒤 연주해 보세요.

10.

| G M7 | C 7 | G M7 | B m7(♭5) | E 7 |

11.

| B♭m7 | C m7(♭5) F 7 | B♭m7 | B♭7 | E♭m7 | E dim7 | B♭m7 | F 7 |

12.

| C 7 | G 7 | G m7 C 7 | F | G m7 C 7 | A m7 D 7 | F m7 B♭7 | C |

실 습 문 제

◎ 코드 패턴을 보고, 오픈 보이싱을 악보로 완성한 뒤 연주해 보세요.

16.

| B♭m7 | A♭M7 | B♭m7 | A♭M7 | E♭m7 | A♭7 | E m7 | A 7 |

17.

| F F/A | B♭ Bdim7 | F/C Am7 | Dm7 G7 | C C/B♭ | F/A Fm/A♭ C/G | C7 |

18.

| E♭ Gm7 Cm7 | Gm7 Fm7 | A♭M7 | Fm7 | B♭7 | E♭ | B♭7 |

실습문제

◎ 코드 패턴을 보고, 오픈 보이싱을 악보로 완성한 뒤 연주해 보세요.

22.
| E♭M7 | A♭7 | D♭7 | E♭7 | A♭7 | D 7 | E♭M7 | F m7 B♭7 |

23.
| D m7 | C M7 | B♭M7 | A 7 | D m7 | C M7 | B♭M7 | A 7 |

24.
| F M7 | B♭7 | F M7 | F♯m7 B 7 | B♭M7 | B♭m7 E♭7 | A m7 | A♭m7 D♭7 |

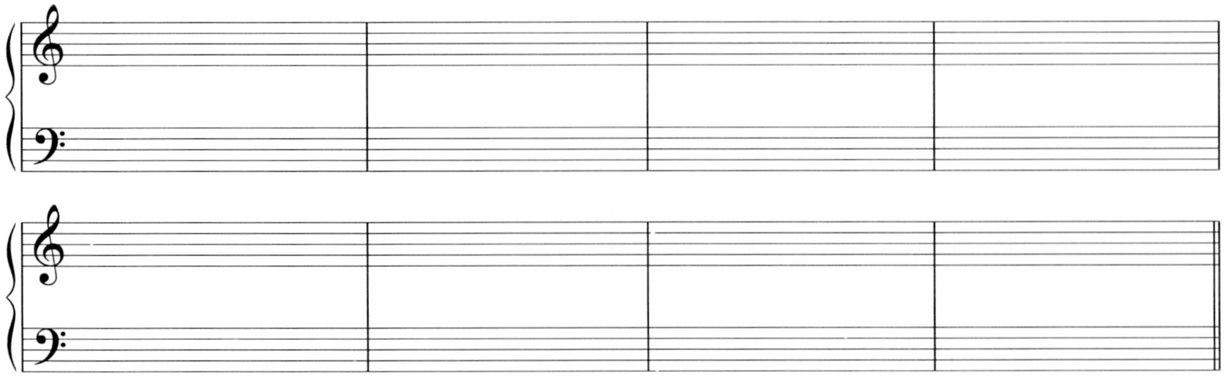

실 습 문 제

◎ 코드 패턴을 보고, 오픈 보이싱을 악보로 완성한 뒤 연주해 보세요.

28.

Cm7	G7	Cm7	Fm7	B♭7	Gm7(♭5) C7	A♭M7	Am7 D7

29.

FM7	Am7(♭5) D7	Gm7	E♭7	B♭m7	E♭7	FM7	A7 D7

30.

Fm7	B♭7	Fm7	E7	E♭7	D7 D♭7	Cm7	F7

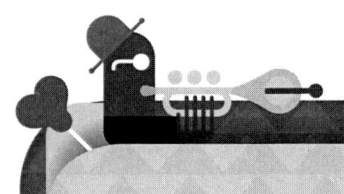

실 습 문 제

◎ 코드 패턴을 보고, 오픈 보이싱을 악보로 완성한 뒤 연주해 보세요.

34.

Fm7	B♭m7	E♭m7	A♭7	D♭M7	B♭m7	E♭7	A♭7

35.

Fm7	Fm(maj7)/E	Fm7/E♭	Dm7(♭5)	B♭m7	B♭m(maj7)/A	B♭m7/A♭	Gm7(♭5) C7

36.

D♭M7	BM7	D♭M7	E♭m7	EM7	F♯m7	A♭m7	A7

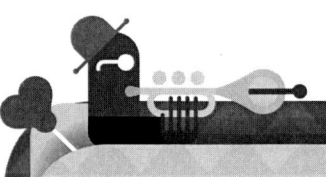

◎ 코드 패턴을 보고, 오픈 보이싱을 악보로 완성한 뒤 연주해 보세요.

40.

| A m | A m(maj7) | A m7 | E m7 | F M7 F#dim7 | C/G | G 7 | C M7 |

41.

| E m7 A 7 | F m7 B♭7 E♭M7 | A♭m7 D♭7 | D m7 G 7 | E♭m7 A♭7 | D♭M7 | D m7 G 7 |

42.

| C M7 F M7 | B m7(♭5) E 7 A M7 | A♭m7 D♭7 | E♭m7 | F m7(♭5) B♭7 | E♭M7 | D m7 G 7 |

실습문제

◎ 코드 패턴을 보고, 오픈 보이싱을 악보로 완성한 뒤 연주해 보세요.

46.
| E M7 | A 7 | B M7 | B 7 | E M7 | A 7 | B M7 | F m7(♭5) B♭7 | E♭m7 D dim7 | C♯7 | F♯7 |

47.
| A♭M7 | D♭M7 | C m7(♭5) | C 7 | B M7 | B♭m7 | A M7 | E♭7 |

48.
| E m | F M7 | B 7 | C M7 | A m7 | F M7 | E M7 | E m |

클래식 음악과 실용 음악의 차이

음악에서 전통(클래식) 화성학과 실용(재즈) 화성학에는 많은 차이가 있습니다.

먼저 전통화성학에서는 사용하지 못하도록 제약이 있는 것들이 많습니다. 선율이 아름답지 못하다거나 불협화음인 것 등 편안하지 못한 진행들은 대부분 금기시 되어 있습니다.

반면 실용 화성학의 경우는 매우 자유로운 편입니다. 클래식 화성학에서 금기시 되고 있는 진행들을 본인이 만들어 내는 것이 가능합니다. 계속해서 새로운 스케일, 새로운 코드가 만들어지고 갈수록 장르도 다양해져 획기적이고 실험적인 시도들을 많이 합니다.

이렇게 화성학적으로부터 다르다보니 음악의 성격이 많이 달라지게 되는 것입니다. 그렇다고 클래식과 실용 음악이 아주 다른 것은 아닙니다. 궁극적으로 실용 화성은 전통 화성에서 발전된 것이므로 그 근원은 같다고 할 수 있습니다.

음악과 관련된 학문이라면 실기를 전공으로 하는 것과 이론을 전공으로 하는 것, 둘로 나뉘어 집니다. 그 중 실기 전공은 다 아실 것이고 이론 전공은 음악학과 작곡으로 나뉘는데, 음악학이 세분화가 됩니다. 음악 비평, 음악 분석, 음악 심리학, 컴퓨터 음악, 음악 미학 등으로 세분화 할 수 있습니다.

결론으로 음악이라는 한 맥락에서는 누구나 같이 공유할 수 있는 것이 클래식과 실용 음악입니다. 그러나 그 깊은 곳에서 클래식은 학문적 예술분야 속의 음악이고, 실용 음악은 대중을 위한 음악이라 할 수 있겠습니다.

리하모니제이션의 종류

2

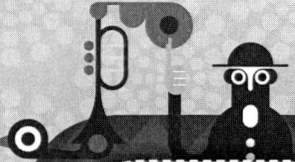

1 주3화음(I, IV, V)의 사용

원래 있는 곡의 화성을 새로 바꾸는 것을 리하모니제이션이라고 합니다. 쉬운 동요부터 시작해서 가요, 팝송까지 다양한 변화의 예를 보여주도록 하겠습니다. 이것은 건반화성(코드 초견)과 동시에 매우 중요한 내용입니다. 여기에서는 원곡(주3화음)을 포함해서 한 곡당 총 5가지의 패턴을 보여주고자 합니다.

이번 단원에서는 동요 '학교종'을 리하모니제이션하며 실습해 보도록 하겠습니다.

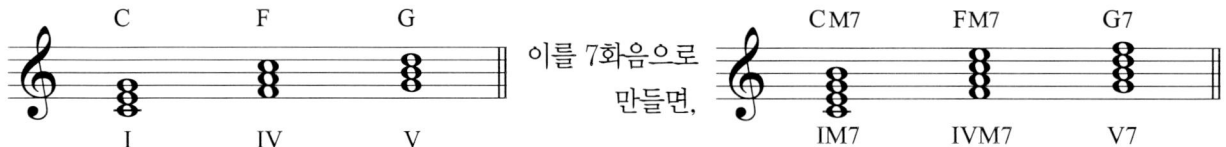

때에 따라서 M7은 6으로 대체해서 사용하기도 합니다.(멜로디가 Root인 경우)

I – Tonic (으뜸화음)
IV – Sub Dominant (버금딸림화음)
V – Dominant (딸림화음)

2 Diatonic Chord의 사용

3성(Triad)

4성(7th Chord)

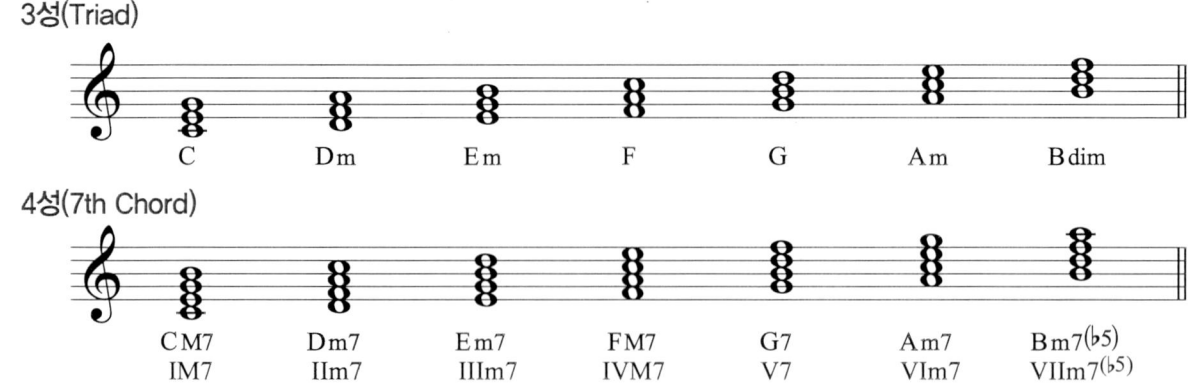

클래식 음악에서는 3성을 기본으로 사용하지만, 실용 음악에서는 7화음(4성)의 사용이 일반적이므로 꼭 암기하고 있어야 합니다. 다음 같은 계열의 코드끼리는 서로 바꾸거나(대체), 나누어서(분할) 사용할 수 있습니다.

Tonic 계열 – I, III, VI
Sub Dominant 계열 – II, IV
Dominant 계열 – V, VII

46 | 건반화성

실 습 문 제

원곡 – 학교종

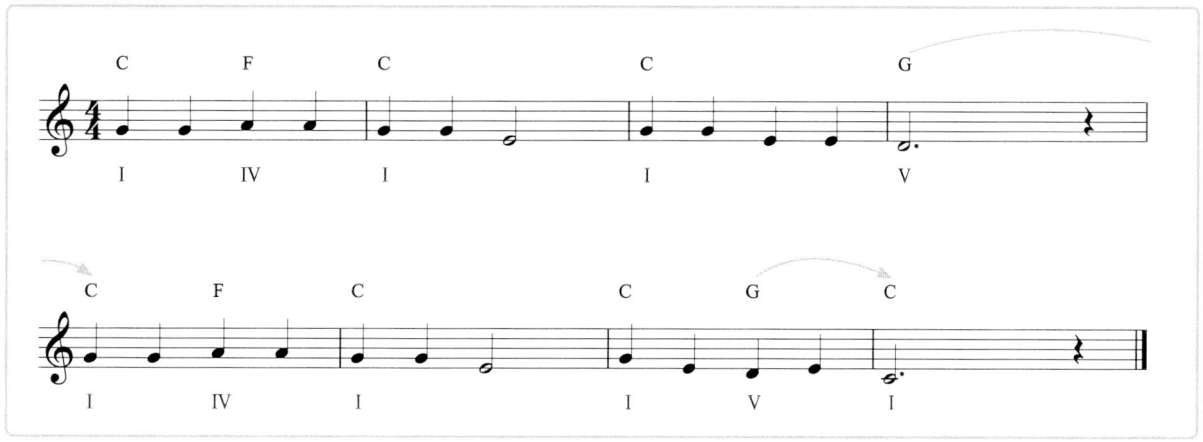

◎ '학교종'의 코드를 새로 바꾸고 연주해 보세요.

Diatonic

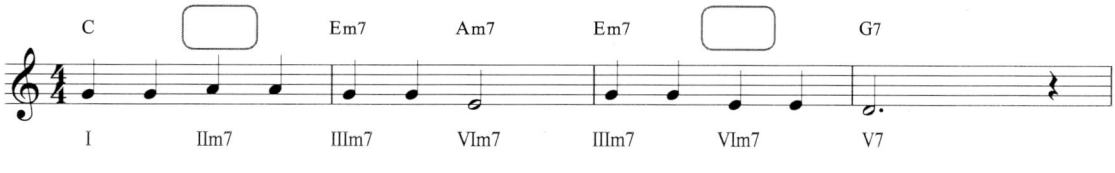

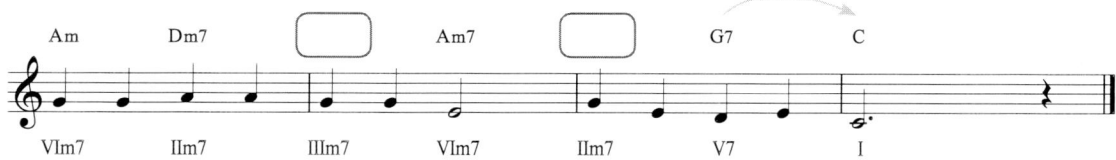

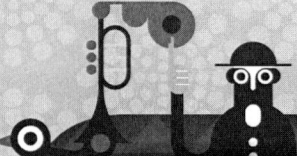
3 Secondary Dominant(부속 7화음)의 사용

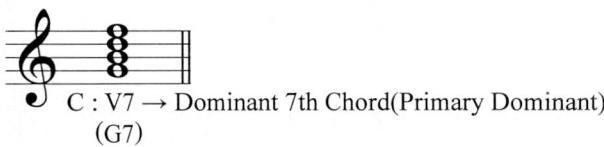

C : V7 → Dominant 7th Chord(Primary Dominant)
(G7)

모든 Dominant Chord는 완전5도로 하행하여 I로 해결되려는 성질이 있습니다. 각 조의 I(Tonic)로 가는 Dominant 7th Chord를 Primary Dominant(속7화음)라고 하는데 이것을 흔히 Dominant라고 부릅니다.

Secondary Dominant는 각 조의 II, III, IV, V, VI으로 완전5도 하행하는 Dominant 7th Chord를 말합니다. 이것의 목적은 더욱 풍부한 사운드를 위한 반음계(Chromatic Scale)의 사용을 위해서입니다.

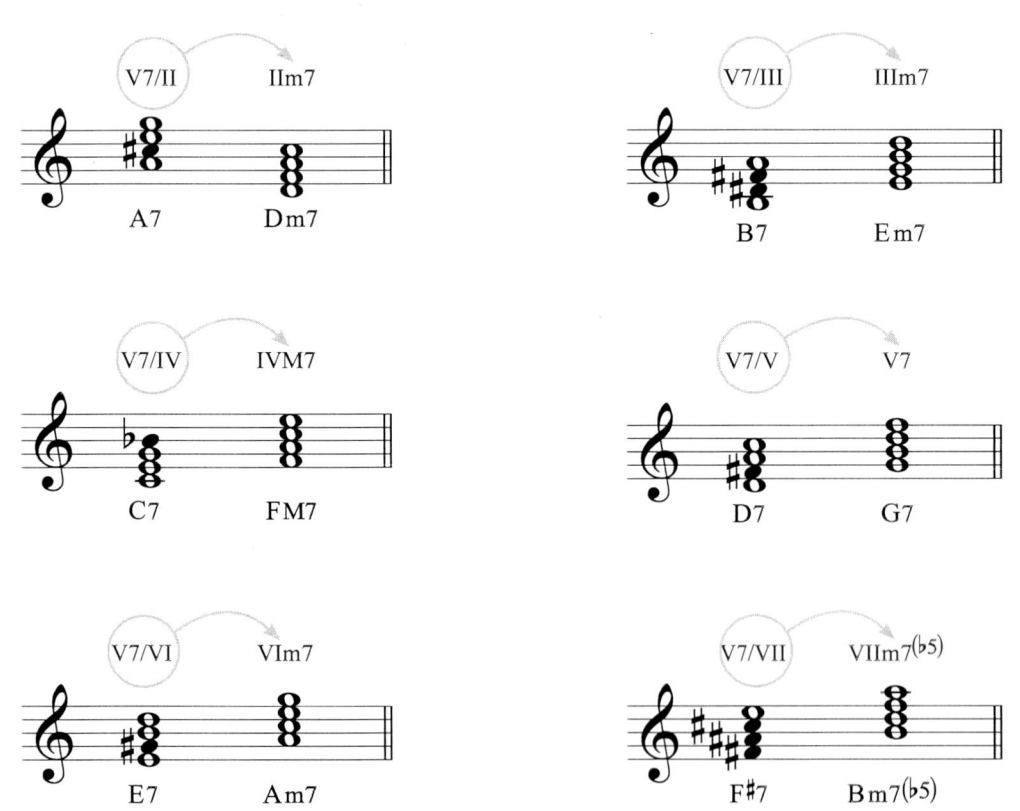

F#7(V7/VII)은 Secondary Dominant로 사용할 수 없다는 의견이 우세합니다. 그 이유는 F#7의 Root가 Diatonic 이 아니라는 점, 그리고 Target Chord인 Bm7$^{(\flat5)}$가 diminish인 점 때문입니다.

4 Related II V의 사용

모든 Dominant 7th Chord는 그 앞에 IIm7을 넣어서 코드를 분할할 수 있습니다.
다음은 애국가의 한 부분입니다.

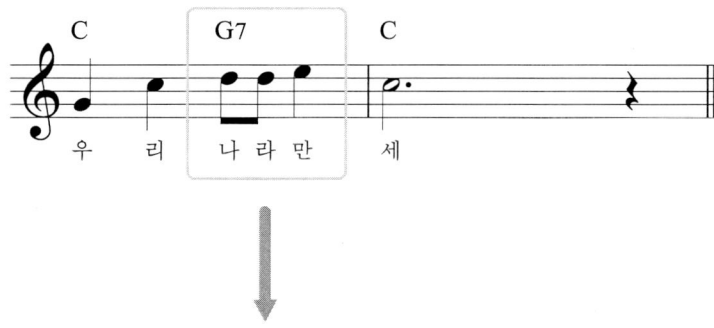

분할

*II V관계가 되었을 때는 ⌐⌐(Bracket)으로 표시합니다.

분할의 경우 G7이 차지하고 있던 3, 4박을 한 박씩 코드를 나누었습니다.

대체

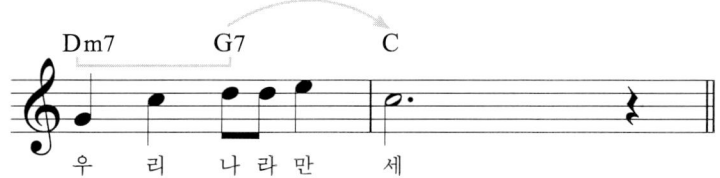

대체의 경우에는 G7의 자리를 침범하지 않고 본래의 C를 Dm7으로 바꾸었습니다.

*멜로디의 흐름에 따라서 둘 중 어떤 경우를 선택해도 좋습니다.

실습문제

◎ '학교종'의 코드를 새로 바꾸고 연주해 보세요.

Secondary Dominant

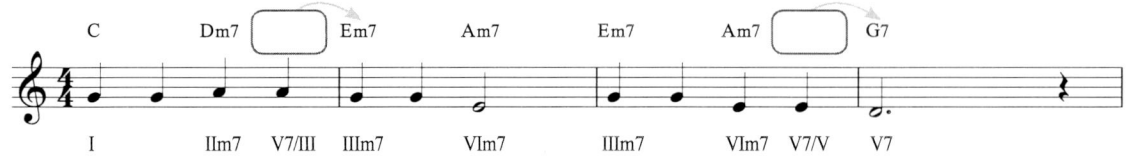

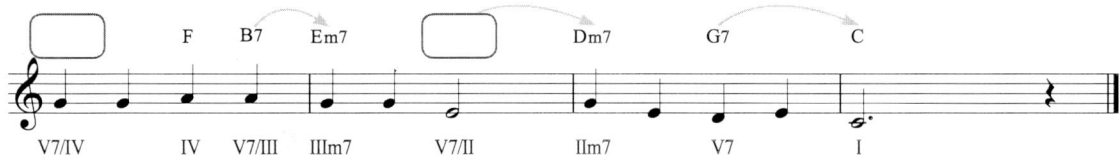

Related Ⅱ Ⅴ

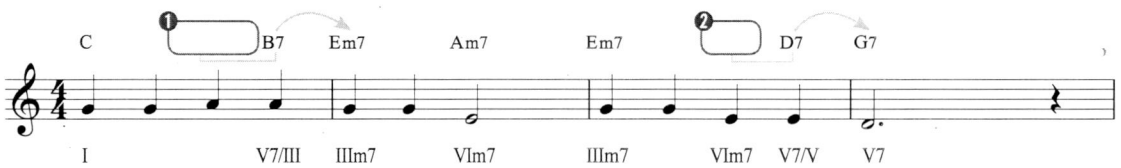

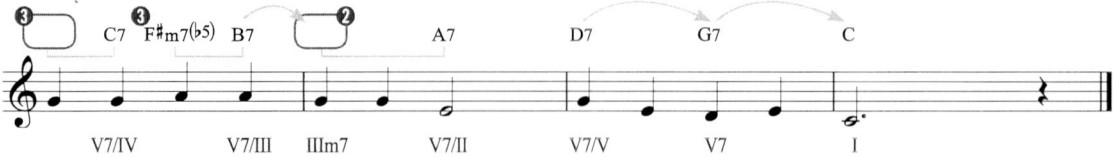

Tip!

❶ Ⅱm7 Ⅴ7 ⅠM7에서 Ⅰ가 minor일 경우 Ⅱm7(♭5) Ⅴ7(♭9) Ⅰm7으로 변하는 경우가 많습니다.

❷ Am7, Em7같이 Diatonic Chord의 역할과 Related Ⅱ Ⅴ로서의 두 가지 역할을 가지고 있는 코드를 Dual Function(듀얼 펑션)이라고 합니다.

❸ Related Ⅱ Ⅴ에서 분석되지 않는 코드는   (Blanket)표시만 해두고 분석하지 않아도 좋습니다.

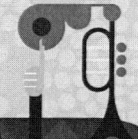

5 Tritone Substitute(증4도 대리코드)의 사용

Dominant 7th Chord는 3음과 7음(Guide Tone)사이의 관계가 증4도(Tritone-3온음)입니다. 이 독특한 성질을 이용하여 코드를 바꿔 쓸 수 있는데 원리는 다음과 같습니다.

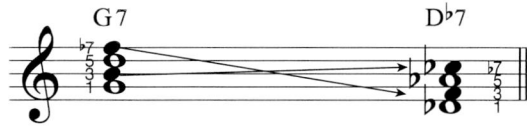

다음 악보에서 보는 것과 같이 G7과 D♭7은 3, 7음을 공유합니다. 그래서 이 두 코드는 서로 바꿔 사용할 수 있습니다. 이렇게 사용 가능한 코드끼리 연결해 보면 총 6쌍(12개)이 생깁니다.

1. G7 – D♭7(G♯7)   2. A7 – E♭7   3. B7 – F7
4. C7 – F♯7(G♭7)   5. D7 – A♭7   6. E7 – B♭7

다시 애국가의 한 부분입니다.

분할

분할의 경우 G7이 차지하고 있던 3, 4박을 한 박씩 코드를 나누어 배치하였습니다.

대체

대체의 경우에는 G7의 자리에 D♭7을 대신 넣었습니다. 이렇게 사용함으로써 분할의 경우 D♭7에서 멜로디 가 자연스럽게 텐션 ♯9이 되며, 대체의 경우에는 ♭9, ♯9으로 변하는 효과가 생깁니다.

6 Modal Interchange(장조에서의 단조성)의 사용

Modal Interchange(모달 인터체인지)란? 어떤 Key의 곡에 평행 단조(Parellel Key)의 코드를 가져다 쓰는 것입니다. 모드의 경우도 가능하지만, 여기에서는 가장 일반적으로 많이 사용하는 Natural minor Scale(Aeolian)을 중심으로 설명하려고 합니다.

C Major의 관계 단조(Relative Key) = A minor(단3도)
C Major의 평행 단조(Parellel Key) = C minor(같은 근음)

※관계 단조와 평행 단조를 혼동하지 않아야 합니다.

C Natural minor(Triad)

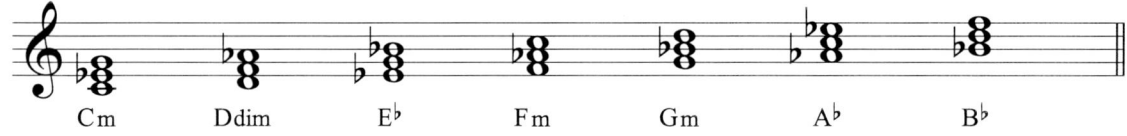

C Natural minor(7th Chord)

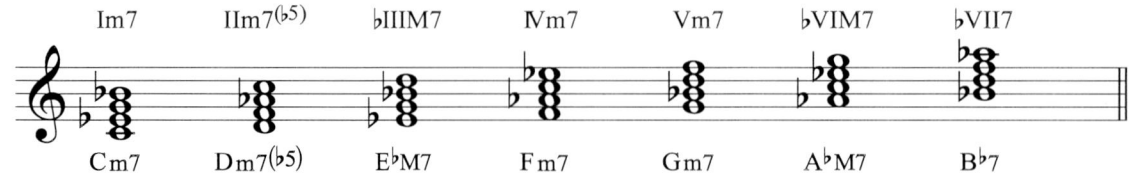

Modal Interchange는 3화음과 7화음 형태 모두 사용 가능합니다. 실제 곡에서 사용된 부분을 몇 군데만 살펴보도록 합니다.

ex1) Im의 사용(My Favorite Things – 사운드 오브 뮤직)

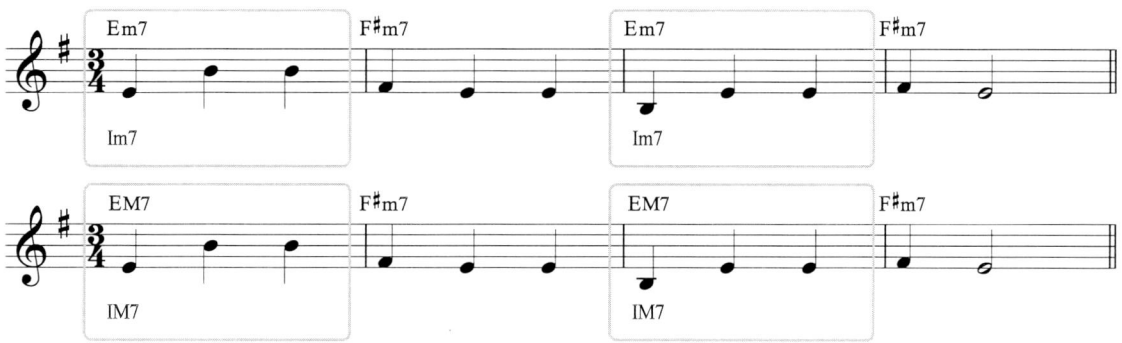

ex2) IVm의 사용(보고싶다 – 김범수)

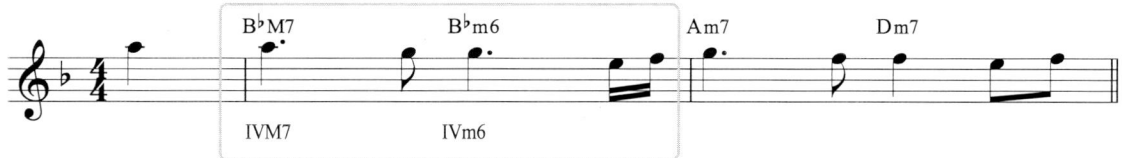

ex3) IVm의 사용(내가 너의 곁에 잠시 살았다는걸 – 토이)

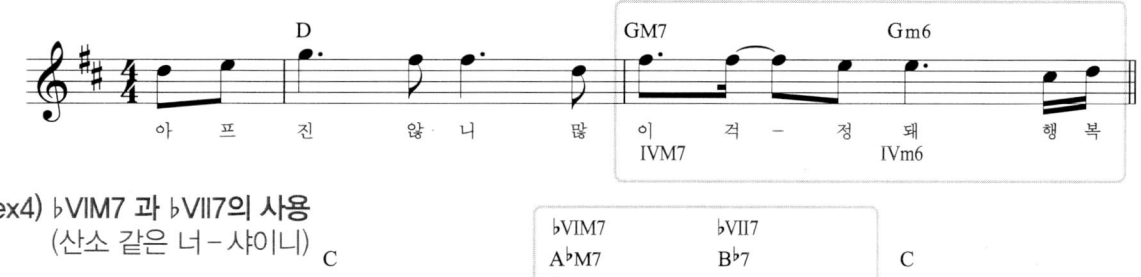

ex4) ♭VIM7 과 ♭VII7의 사용
　　　(산소 같은 너 – 샤이니)

IIm7(♭5)는 IIm7 대신에 어렵지 않게 사용할 수 있으며, Vm7은 Tonic으로의 해결 능력이 없는 코드이므로 거의 사용되지 않는 편입니다.

실습문제

◎ '학교종'의 코드를 새로 바꾸고 연주해 보세요.

Tritone

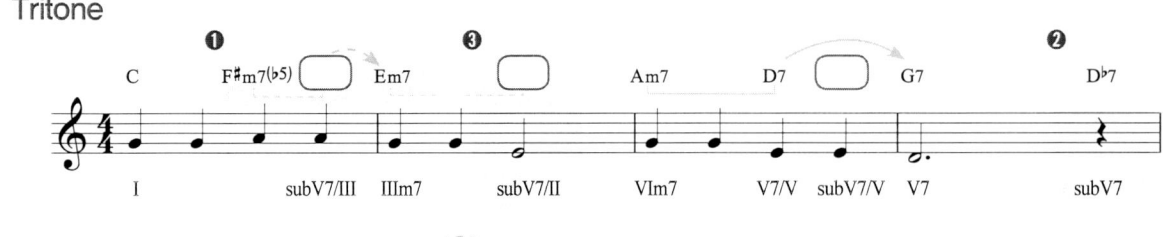

Tip!

❶ IIm7　V7 IM7으로 분석하지만(실선) Tritone 대리 코드를 썼을 경우에는 IIm7 ♭II7 IM7로 분석합니다.(점선)

❷ V7(G7)의 Tritone 대리 코드인 D♭7은 subV7으로 표기합니다.(subV7은 Tritone Substitute에서 나온 기호입니다.)

그러므로 Secondary Dominant의 Tritone 대리 코드는 subV7/II, subV7/III, subV7/IV, subV7/V, subV7/VI로 표기하는 것이 옳습니다.

Modal Interchange

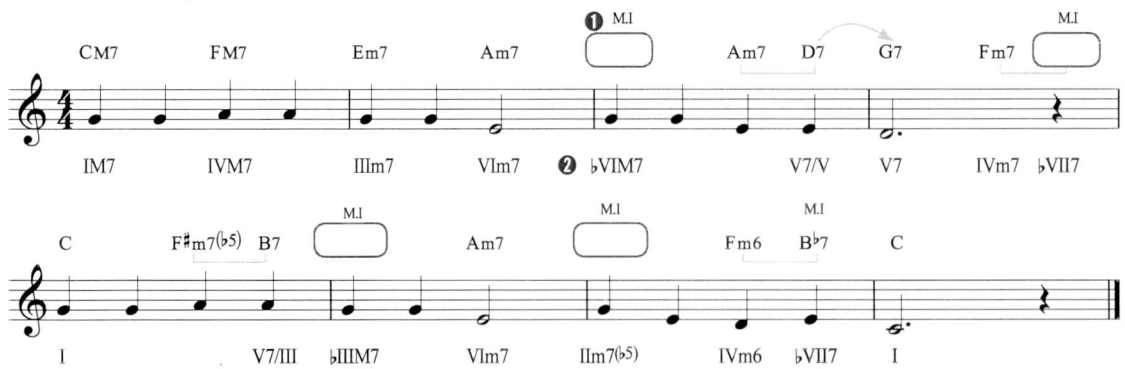

Tip!

❶ Modal Interchange 코드를 분석할 때는 M.I라고 표기합니다.

❷ Diatonic이 아닌 코드를 분석할 때는 ♭IIIM7, ♭VIM7, ♭VII7 등으로 로마 숫자 앞에 ♭을 붙여서 표기합니다.(Numbering은 Major Scale을 기준으로 합니다.)

리하모니제이션 실습

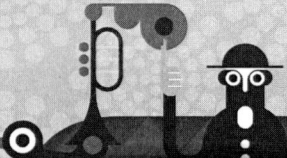

1 리하모니제이션 실습

이번 Chapter에서는 본격적인 리하모니제이션의 실습을 할 수 있습니다. 14곡의 동요와 가요 등이 각각 Chapter 2에서 배운 5가지 패턴의 리하모니제이션으로 편곡되어 있습니다. 악보에 나와 있는 화음 기호와 브라켓, 화살표(근음의 완전5도 하행), 점선 화살표(증4도 대리코드 사용) 등의 분석 기호를 보고 문제를 풀기 바랍니다. 문제를 다 풀고 난 후에는 Chapter 1에서 배운 다양한 보이싱을 이용해 피아노로 쳐보기 바랍니다.

2 나비야

원곡

실 습 문 제

◎ '나비야'의 코드를 새로 바꿔 보세요.

Diatonic

Secondary Dominant

실 습 문 제

◉ '나비야'의 코드를 새로 바꾸고 연주해 보세요.

Related II V

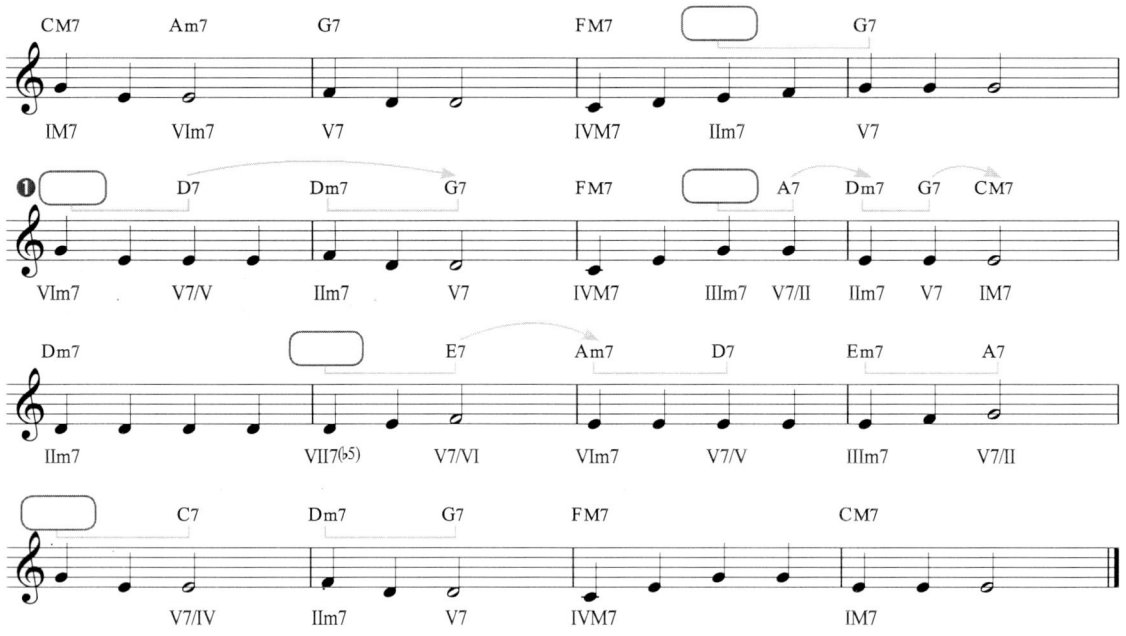

Tritone

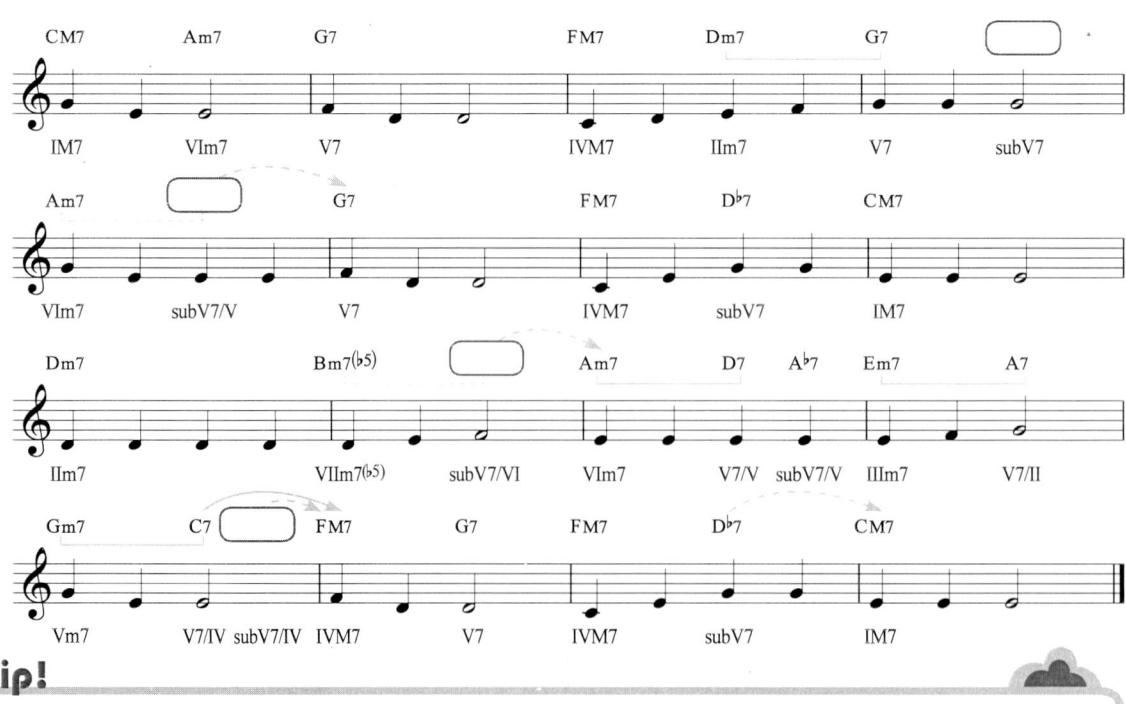

Tip!

❶ D7이 G7으로 바로 해결되지 않고 Dm7을 거쳐서 해결하는 것을 Interpolated II V라고 합니다.

Modal Interchange

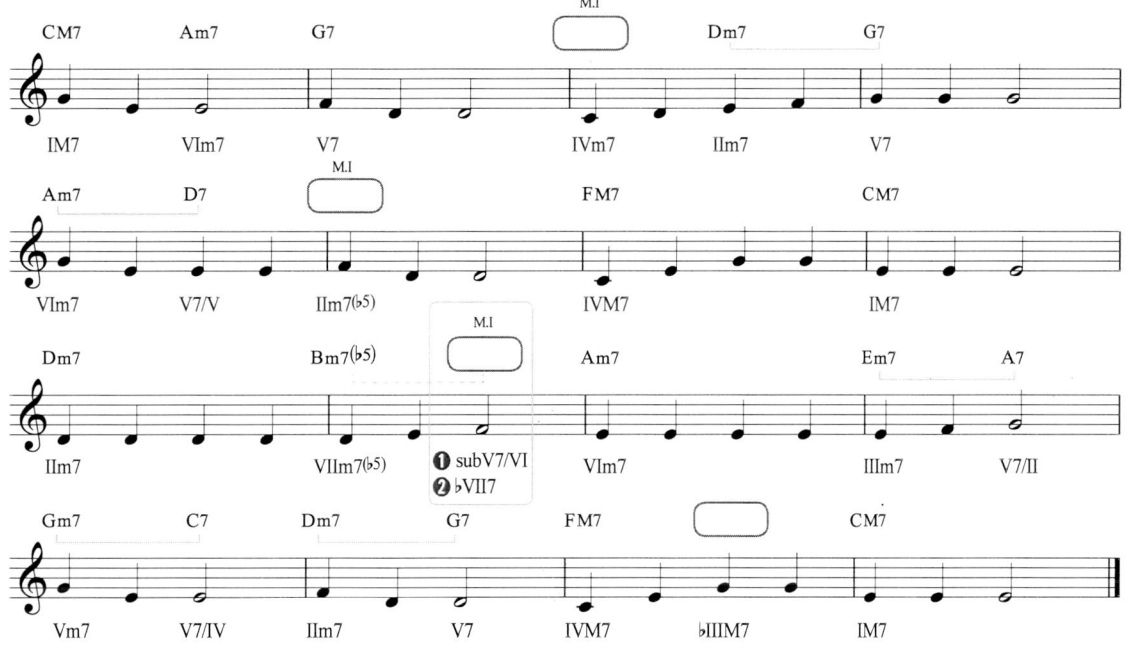

3 작은별

원곡

실 습 문 제

◉ '작은별'의 코드를 새로 바꿔 보세요.

Diatonic

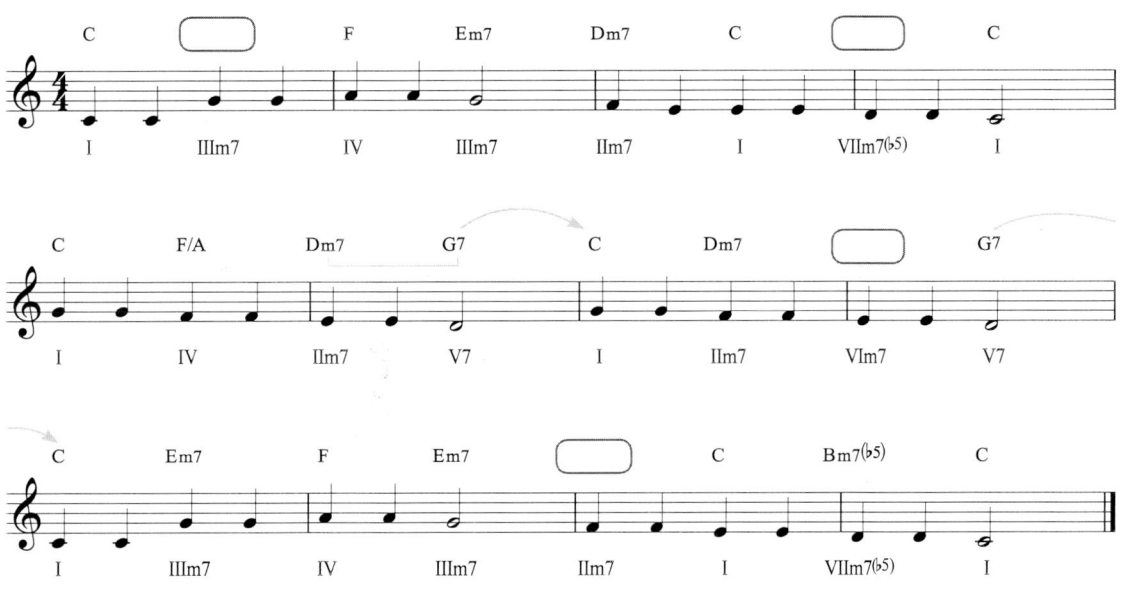

Secondary Dominant

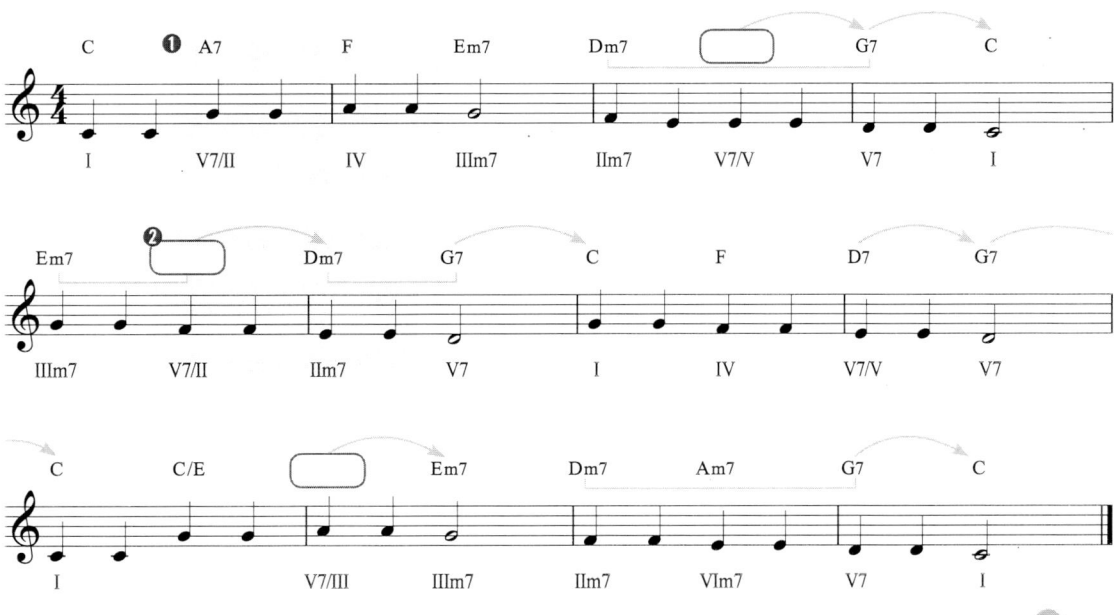

Tip!

Secondary Dominant는 ❷번의 경우처럼 완전5도 하행하여 해결하는 것이 원칙이지만, ❶번의 경우처럼 해결하지 않고 거짓마침으로 사용하는 것도 가능합니다.

실습문제

◎ '작은별'의 코드를 새로 바꾸고 연주해 보세요.

Related Ⅱ Ⅴ

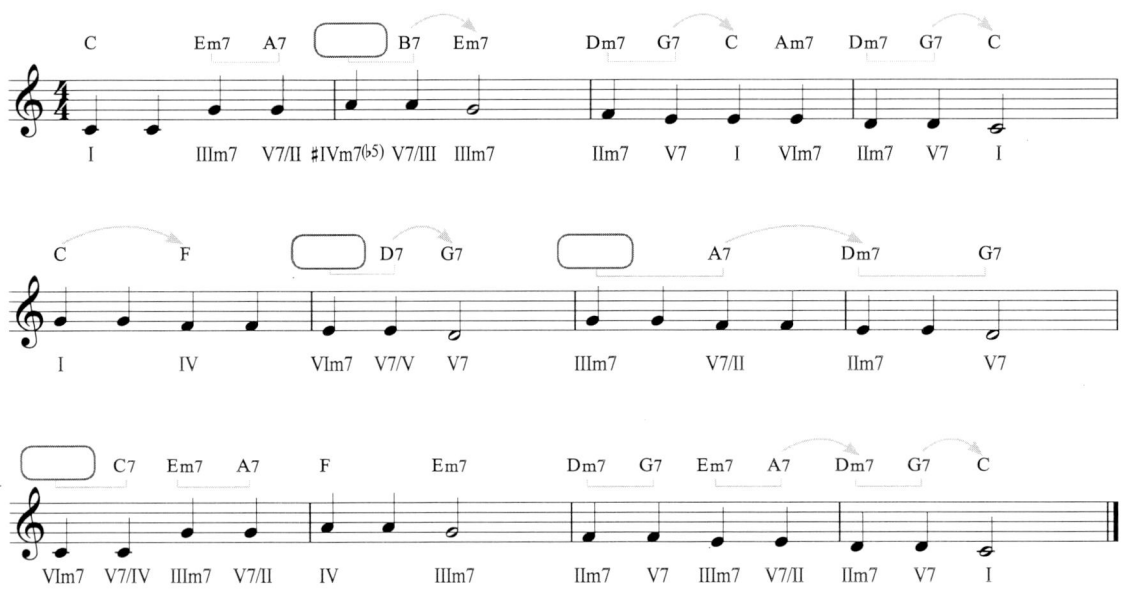

Tritone

Modal Interchange

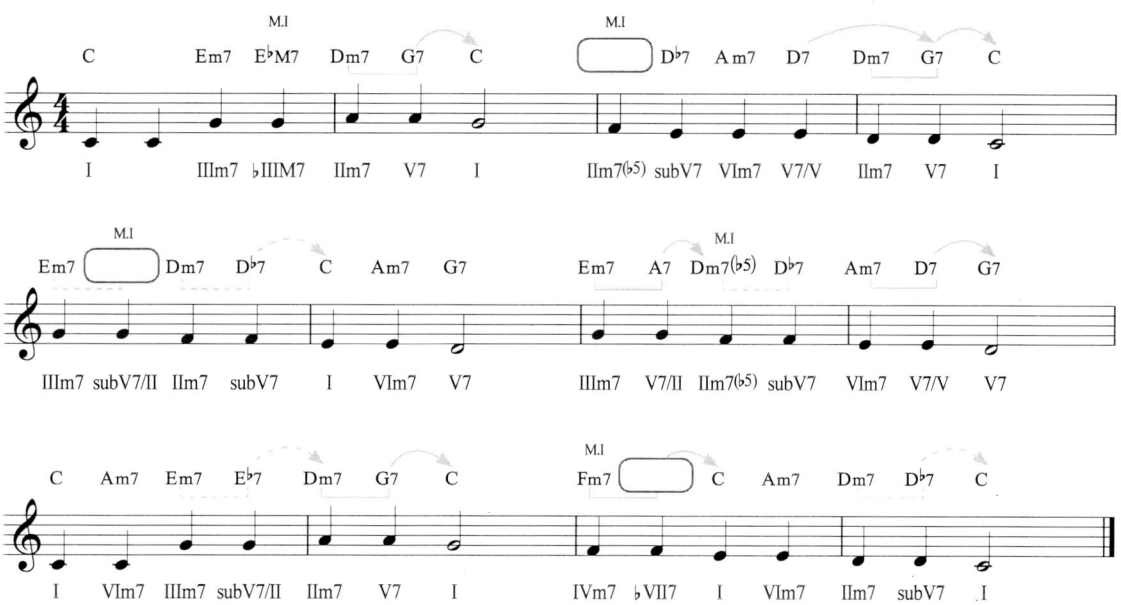

4 고향의 봄

원곡

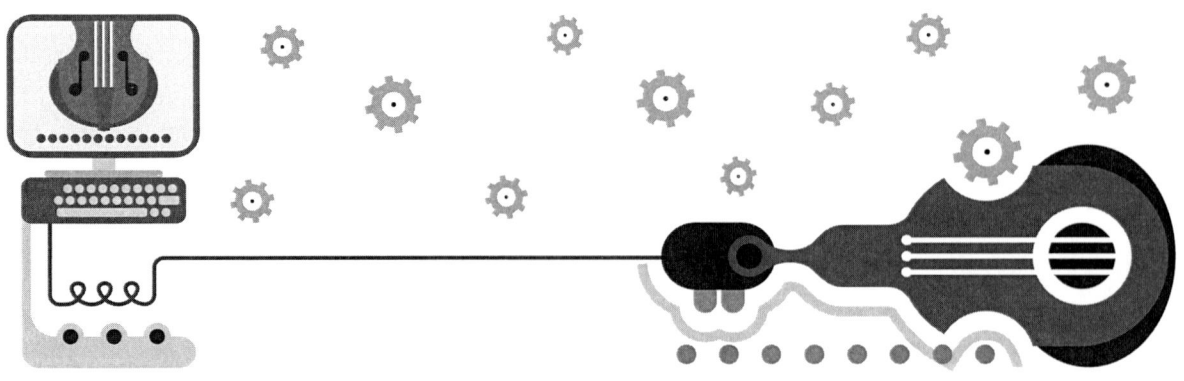

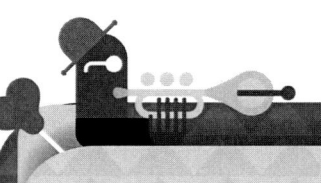

실 습 문 제

◎ '고향의 봄' 코드를 새로 바꿔 보세요.

Diatonic

Secondary Dominant

실습문제

◉ '고향의 봄' 코드를 새로 바꾸고 연주해 보세요.

Related II V

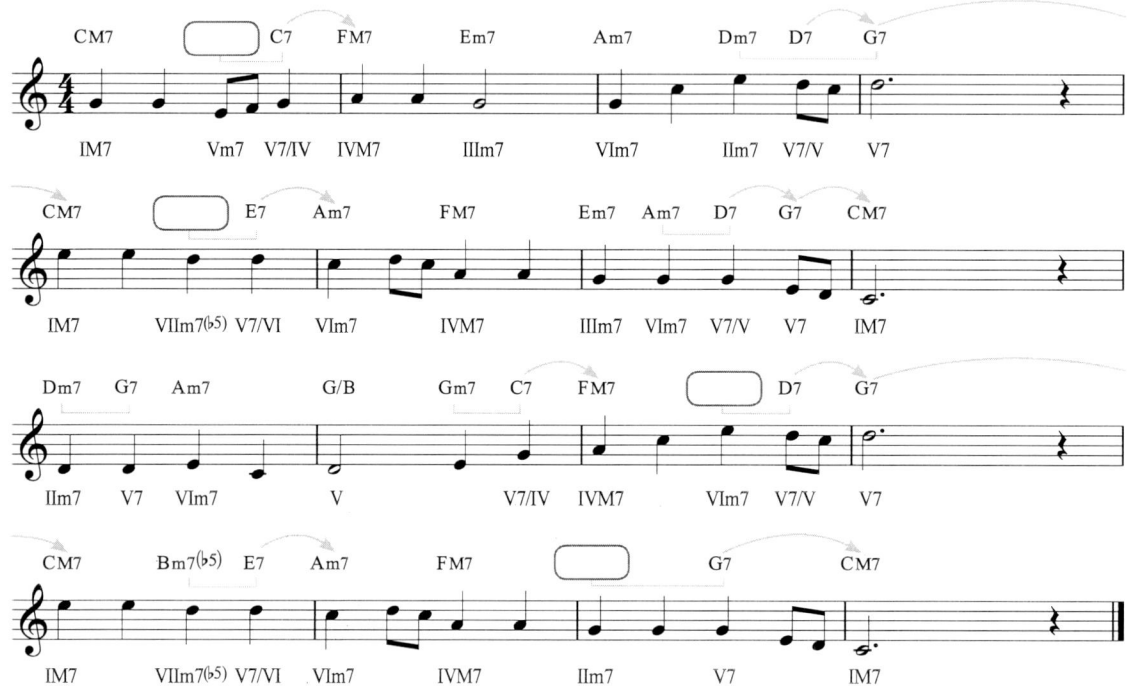

Tritone

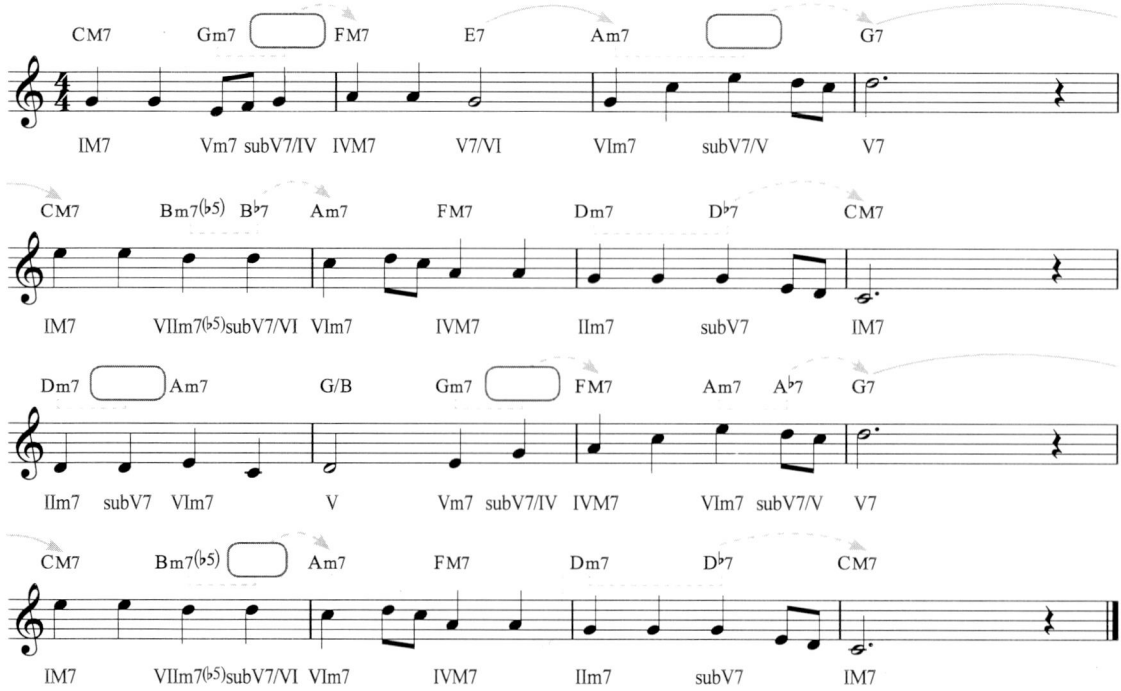

Modal Interchange

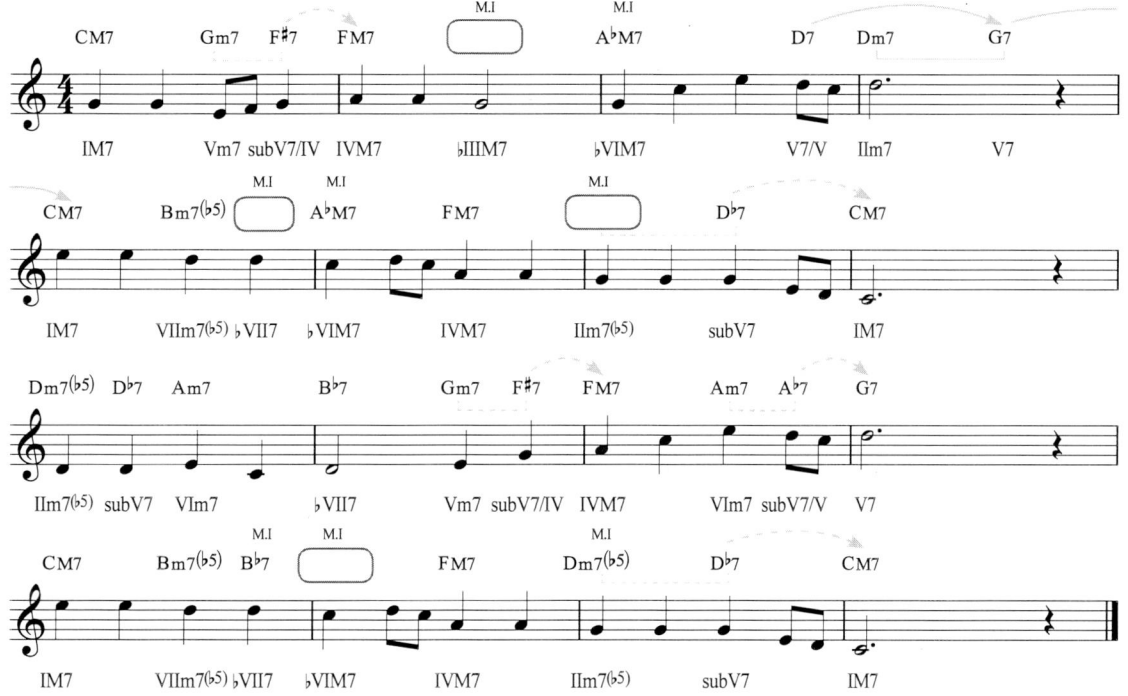

5 다람쥐

원곡

실습문제

◎ '다람쥐'의 코드를 새로 바꿔 보세요.

Diatonic

Secondary Dominant

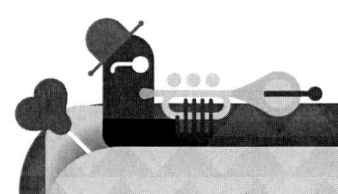

실 습 문 제

◎ '다람쥐'의 코드를 새로 바꾸고 연주해 보세요.

Related Ⅱ Ⅴ

Tritone

Modal Interchange

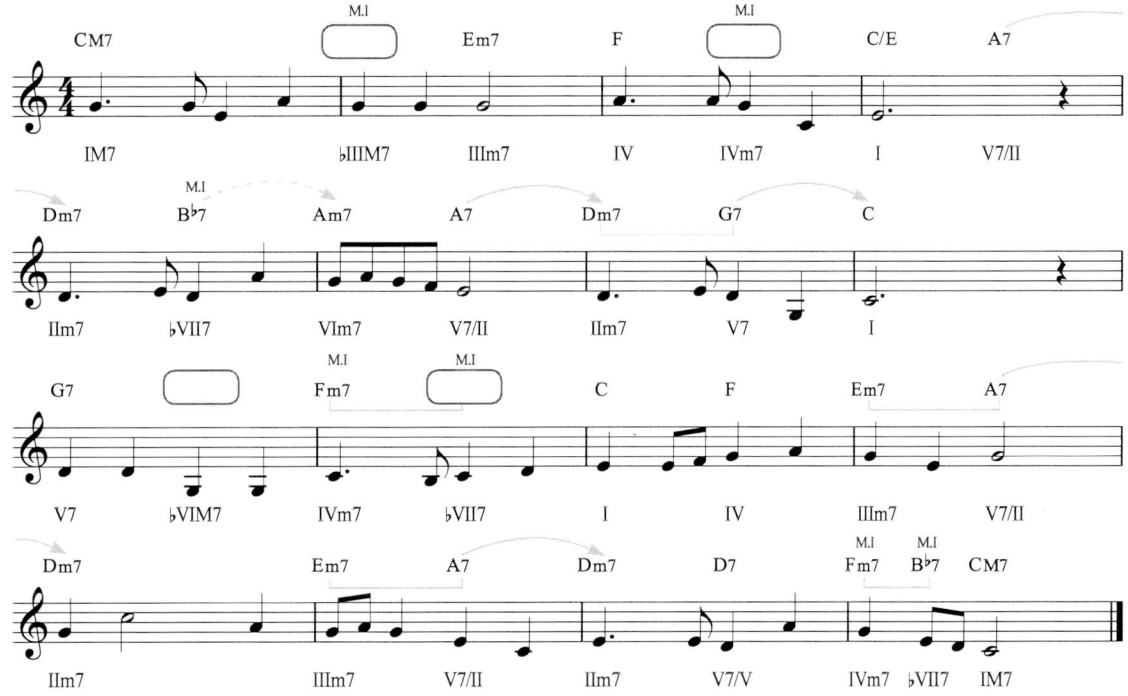

6 징글벨

원곡

실 습 문 제

◉ '징글벨'의 코드를 새로 바꿔 보세요.

실 습 문 제

◎ '징글벨'의 코드를 새로 바꾸고 연주해 보세요.

Related II V

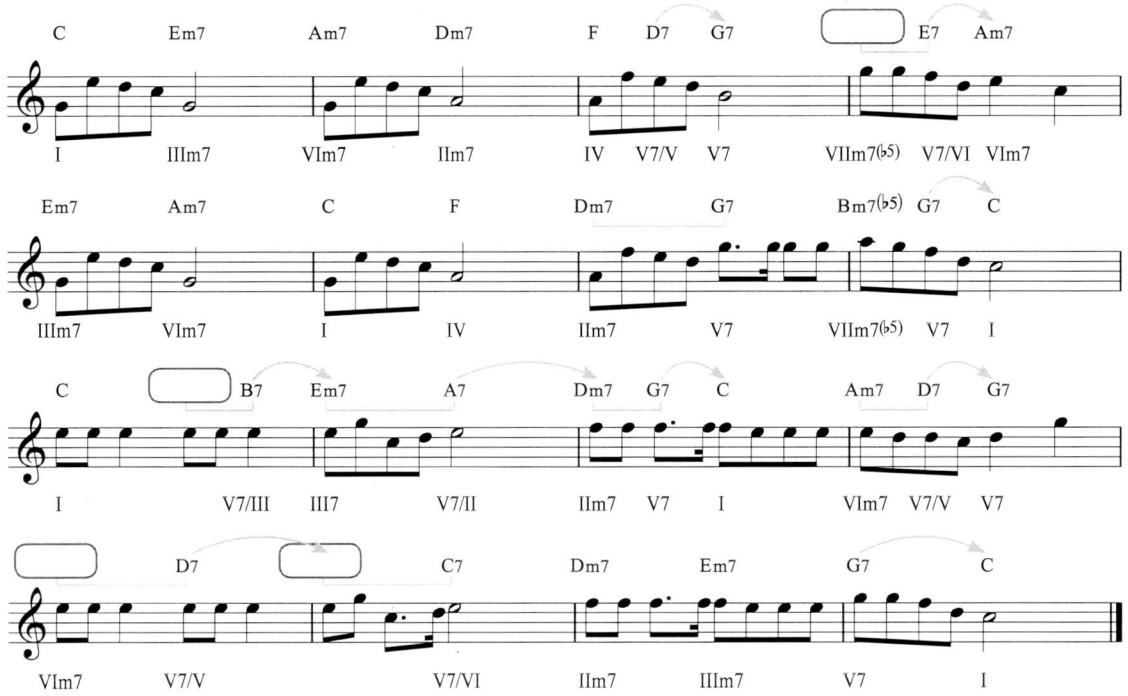

Tritone

Modal Interchange

7 에델바이스

원곡

실습문제

◎ '에델바이스'의 코드를 새로 바꿔 보세요.

Diatonic

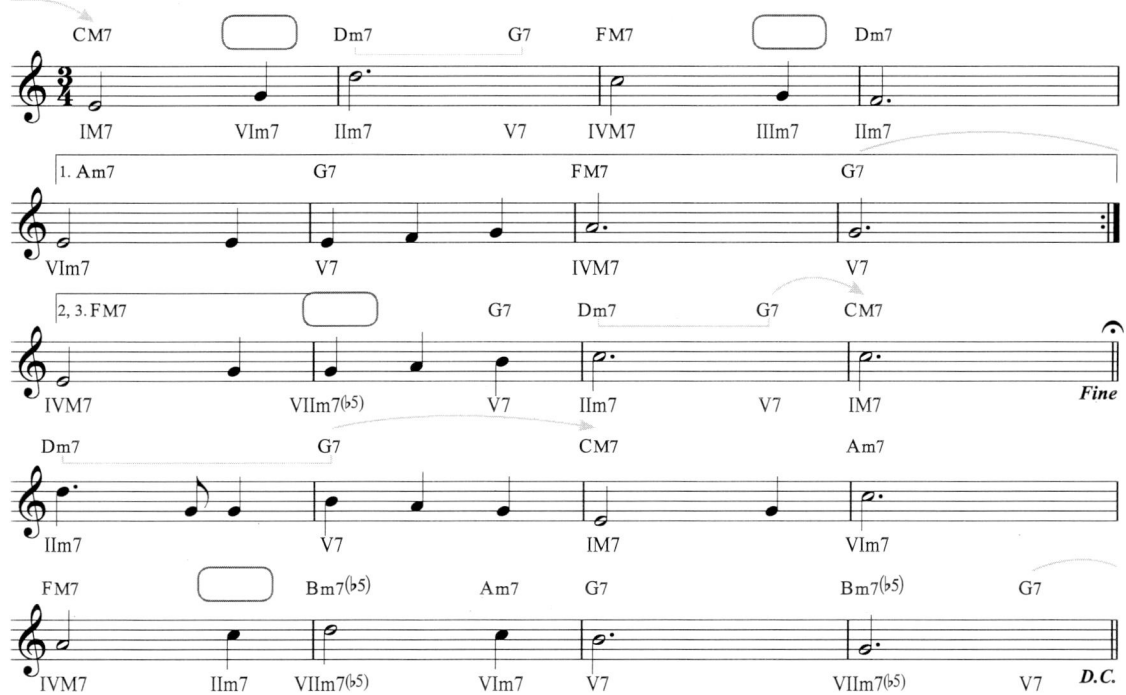

Secondary Dominant

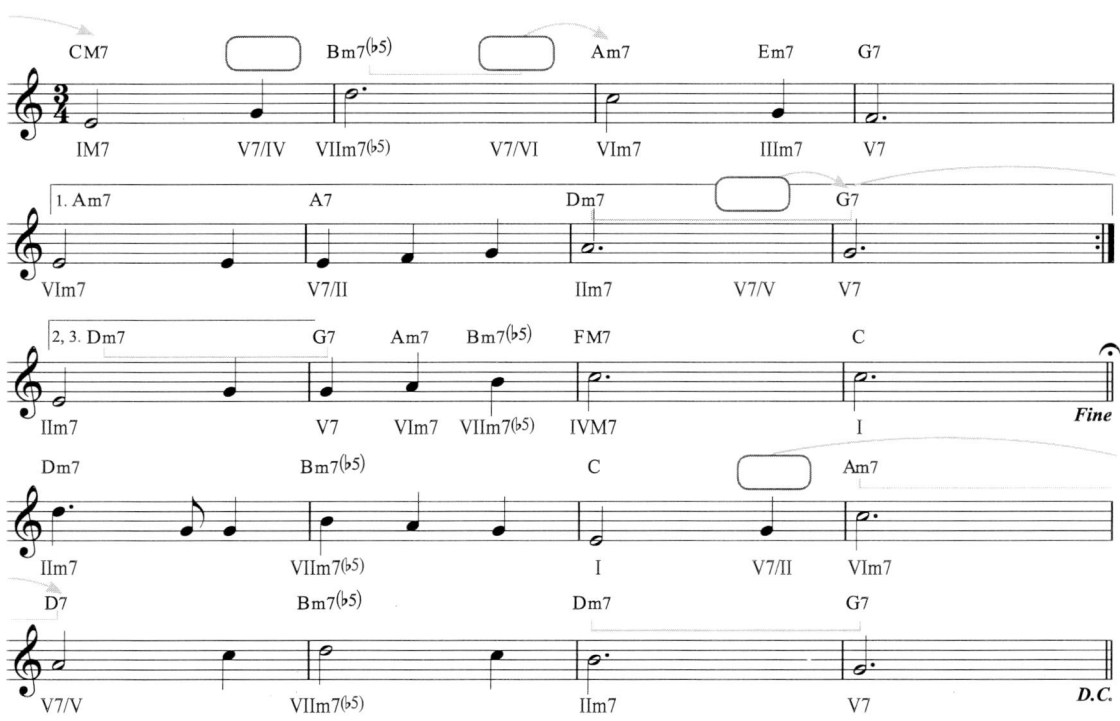

실습문제

◎ '에델바이스'의 코드를 새로 바꾸고 연주해 보세요.

Related Ⅱ Ⅴ

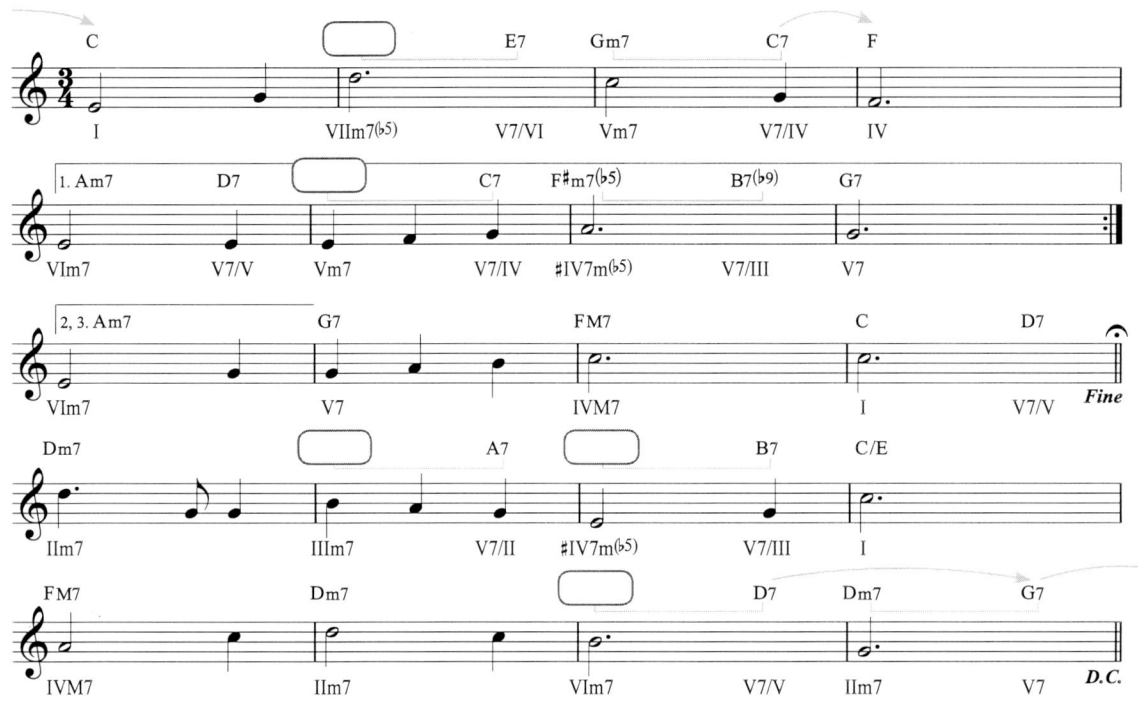

Tritone

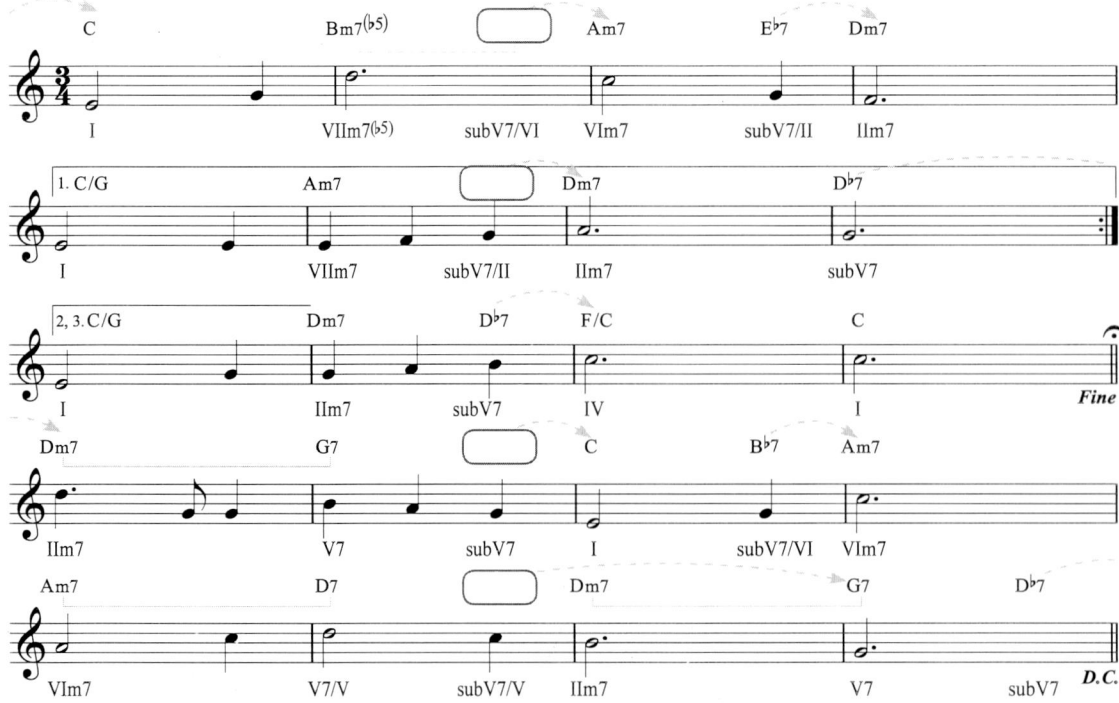

Modal Interchange

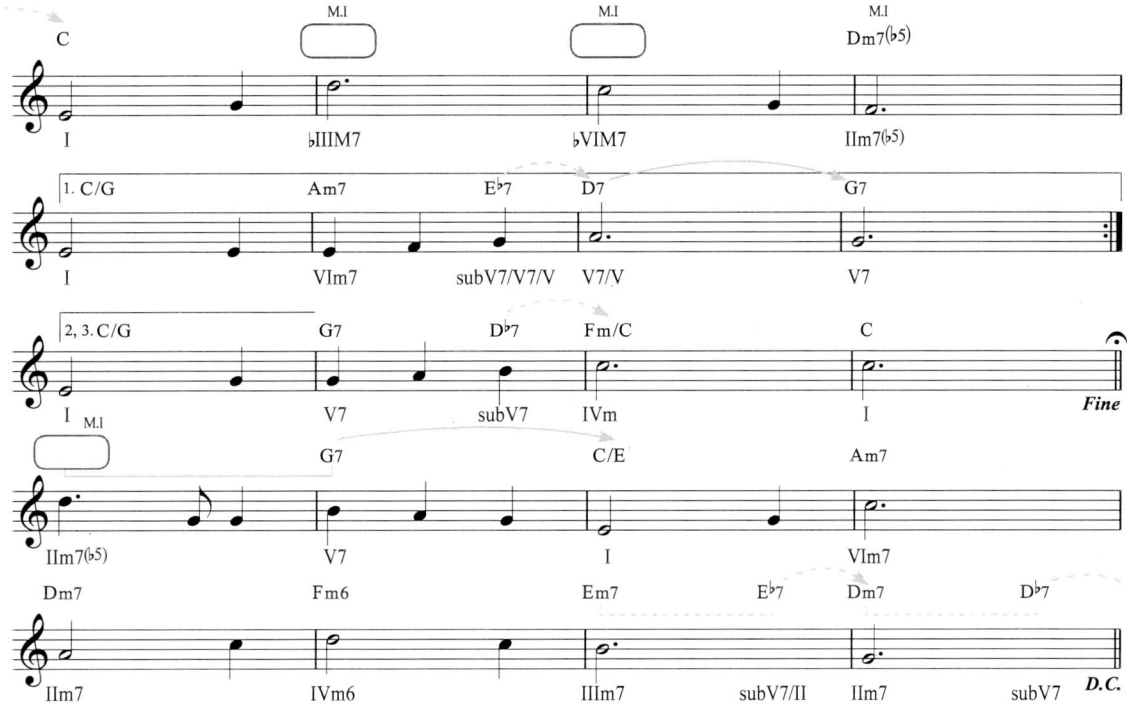

8 등대지기

원곡

실 습 문 제

◎ '등대지기'의 코드를 새로 바꿔 보세요.

Diatonic

Secondary Dominant

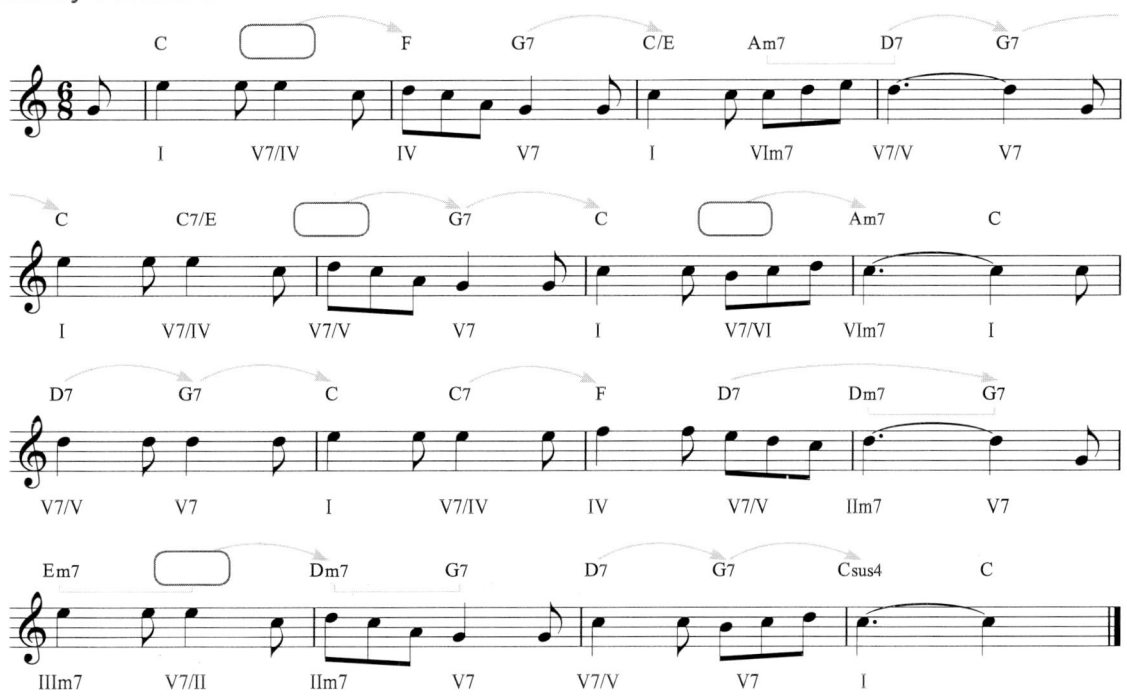

실습문제

◎ '등대지기'의 코드를 새로 바꿔 보세요.

Related Ⅱ Ⅴ

Tritone

Modal Interchange

9 스와니강

원곡

실 습 문 제

◎ '스와니강'의 코드를 새로 바꿔 보세요.

Diatonic

Secondary Dominant

실 습 문 제

◎ '스와니강'의 코드를 새로 바꾸고 연주해 보세요.

Related Ⅱ Ⅴ

C | | C7 | F | | B7 | Em7 | A7 | D7 | Dm7 G7

I | Vm7 V7/IV | IV | ♯IVm7(♭5) V7/III | IIIm7 | V7/V7/V | V7/V | IIm7 V7

Gm7 | C7 | F | Am7 D7 | C/G | Dm7 G7 | C | Am7 D7

Vm7 | V7/IV | IV | Vm7 V7/V | I | IIm7 V7 | I | VIm7 V7/V

G | G/B | C | ❶ A7 | Dm7 | G7 | ❷ Em7 A7 | Dm7 G7

V | I | IIIm7(♭5) V7/II | IIm7 | V7 | IIIm7 V7/II | IIm7 V7

C | Gm7 C7 | F | D7 | C/G | G7 | Csus4 | C

I | Vm7 V7/IV | IV | VIm7 V7/V | I | V7 | I

Tip!

❶ IIm7(♭5) V7 I을 써도 ❷ IIm7 V7 I을 써도 둘 다 괜찮습니다.

Tritone

C | Gm7 G♭7 | F | F♯m7(♭5) F7 | Em7 | | D7 A♭7 | Dm7 D♭7

I | Vm7 subV7/IV | IV | subV7/III IIIm7 | subV7/V7/V | V7/V subV7/V | IIm7 subV7

Gm7 | C7 | F | Am7 A♭7 | C/G | Dm7 D♭7 | C | Am7 A♭7

Vm7 | V7/IV subV7/IV | IV | VIm7 subV7/V | I | IIm7 subV7 | I | VIm7 subV7/V

G | G/B | C | Em7(♭5) E♭7 Dm7 | G7 | Em7 E♭7 | Dm7 D♭7

V | I | IIIm7(♭5) subV7/II IIm7 | V7 subV7 | IIIm7 subV7/II | IIm7 subV7

C | Gm7 G♭7 | F | Am7 | C/G | G7 D♭7 | Csus4 | C

I | subV7/IV | IV | VIm7 subV7/V | I | V7 subV7 | I

Modal Interchange

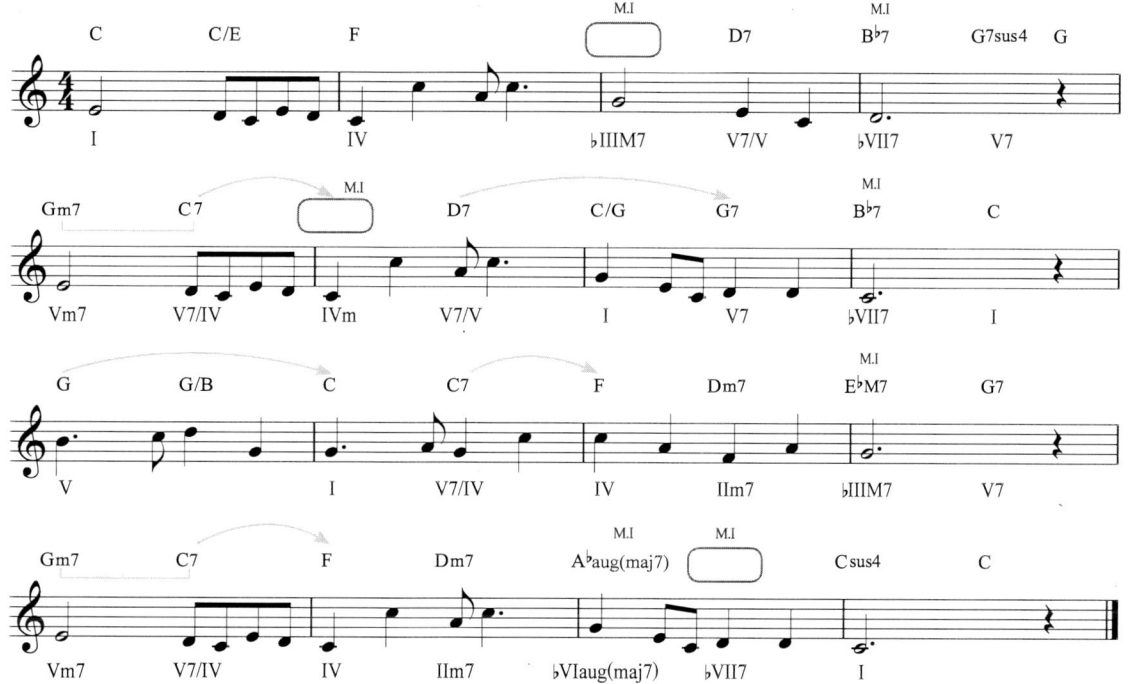

10 즐거운 나의 집

원곡

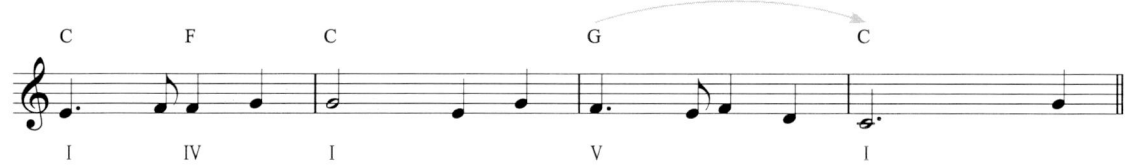

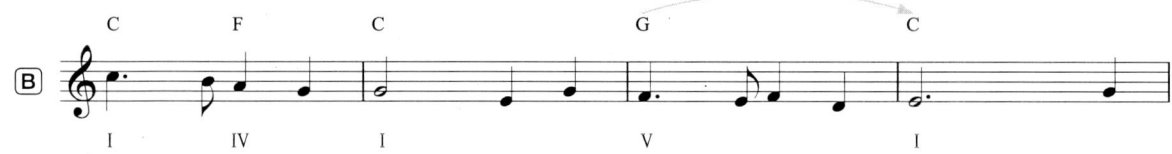

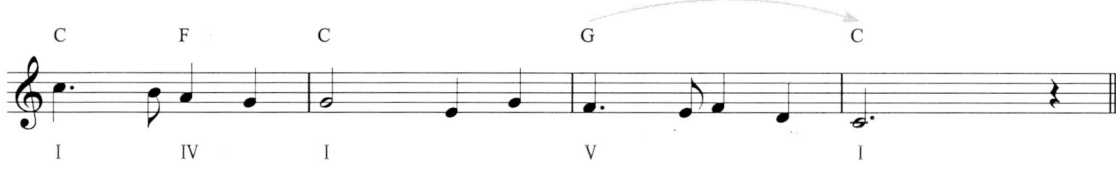

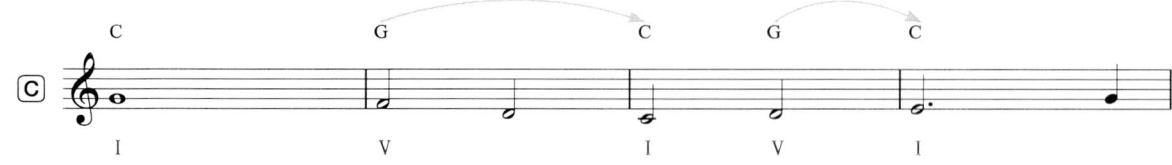

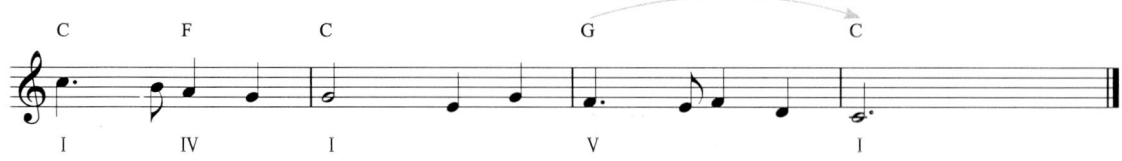

실습문제

◎ '즐거운 나의 집' 코드를 새로 바꿔 보세요.

Diatonic

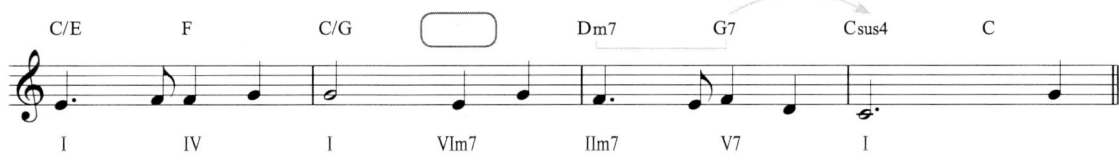

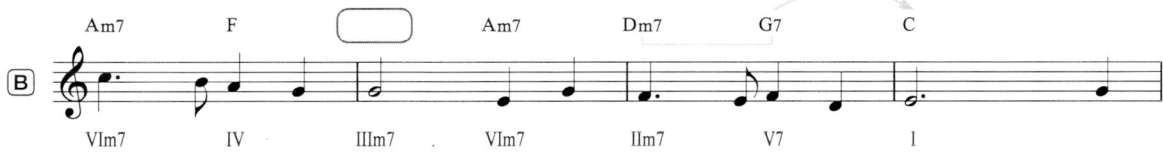

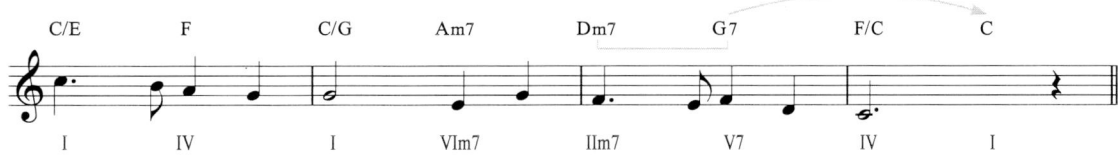

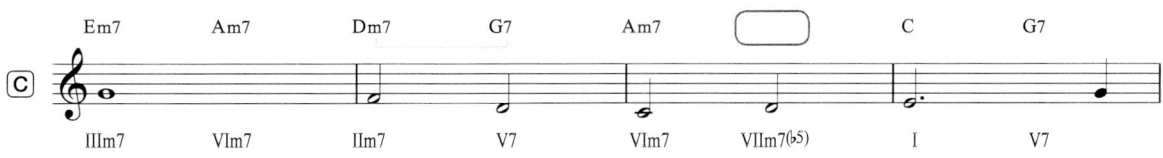

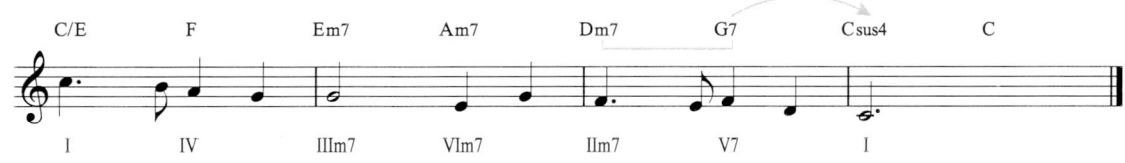

실 습 문 제

◎ '즐거운 나의 집' 코드를 새로 바꾸고 연주해 보세요.

Secondary Dominant

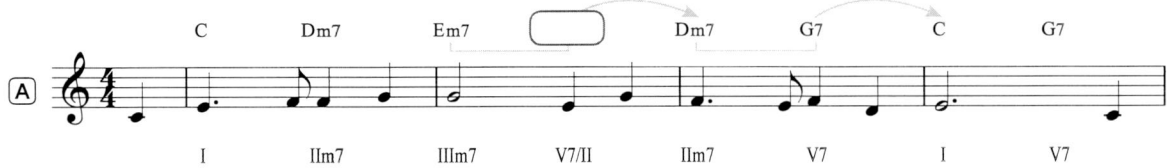

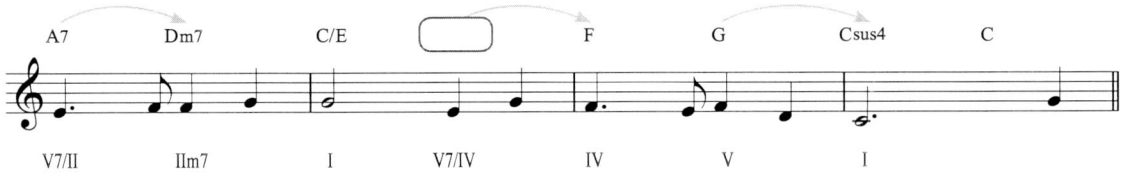

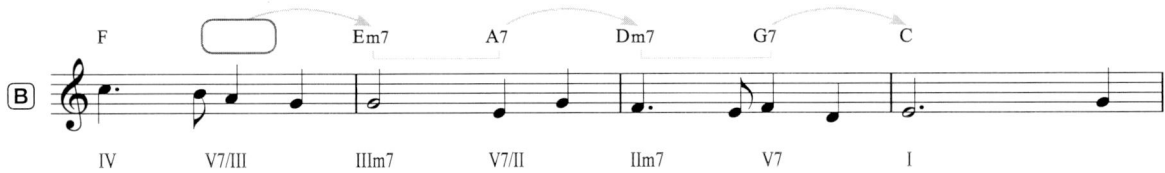

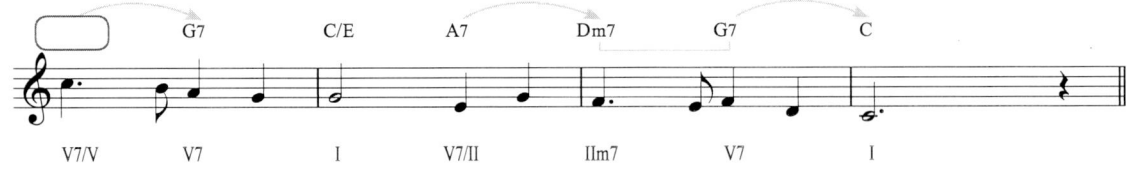

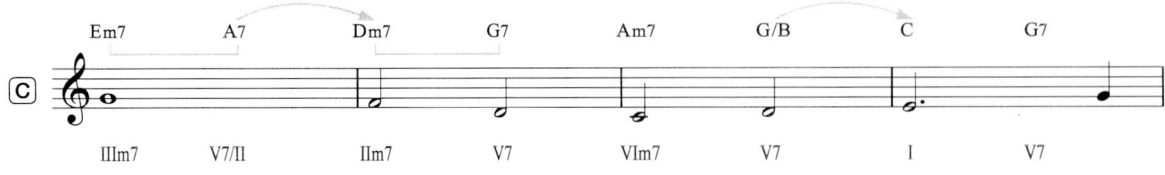

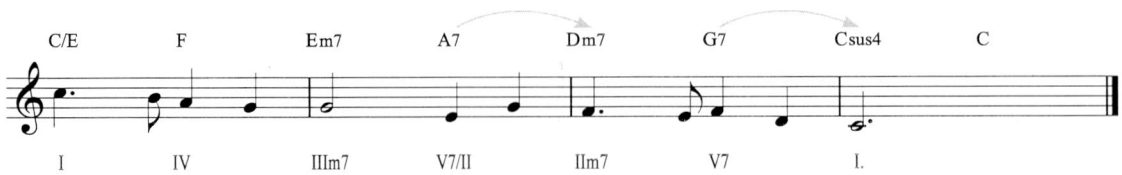

Related II V

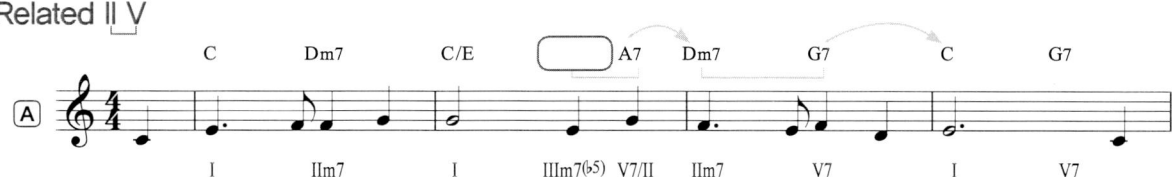

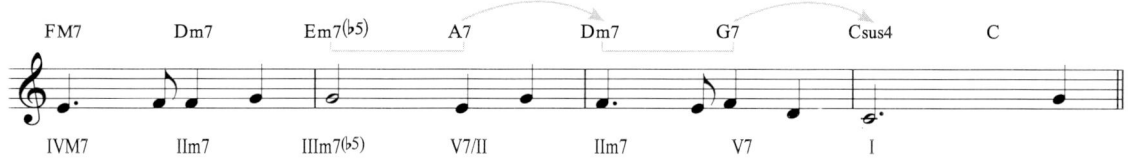

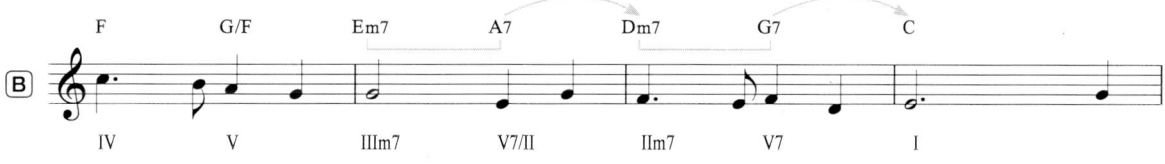

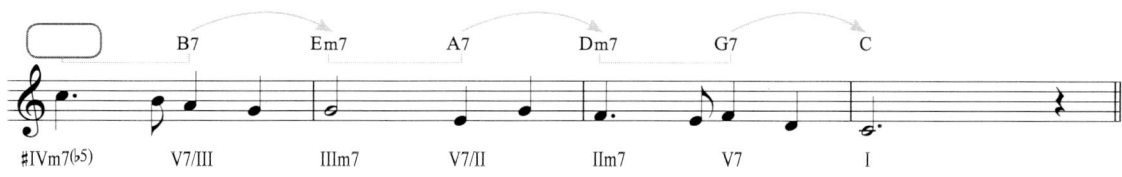

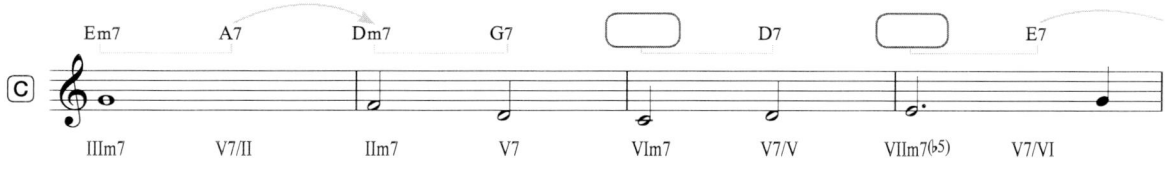

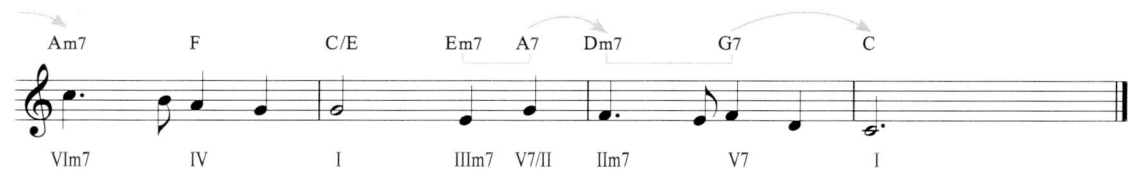

실습문제

◎ '즐거운 나의 집' 코드를 새로 바꾸고 연주해 보세요.

Tritone

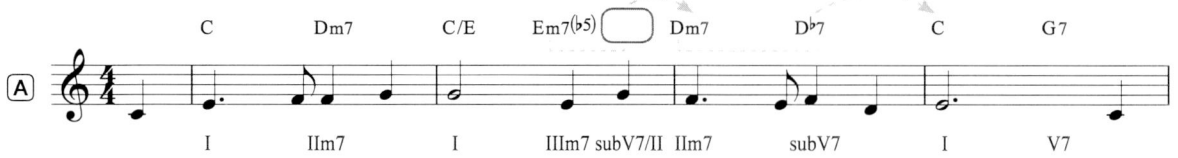

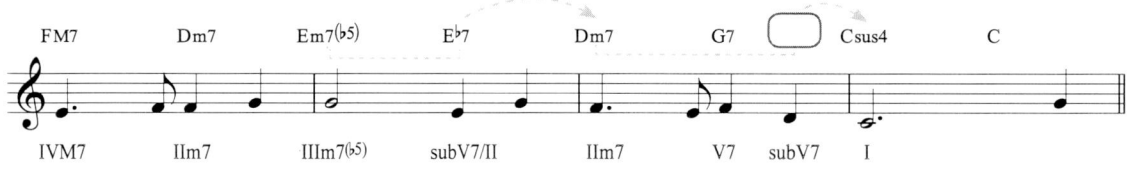

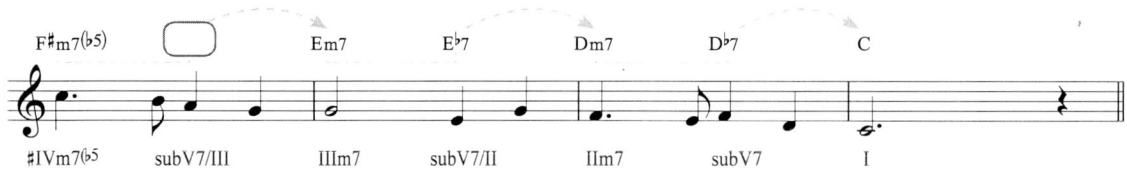

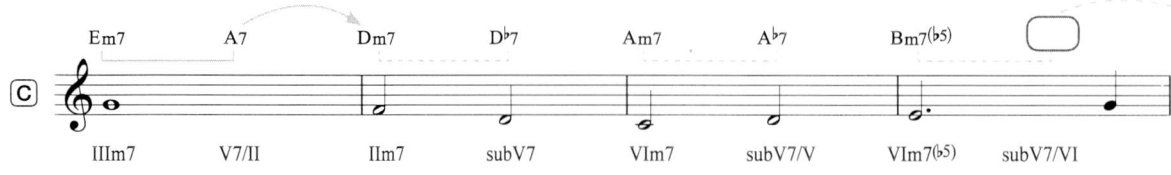

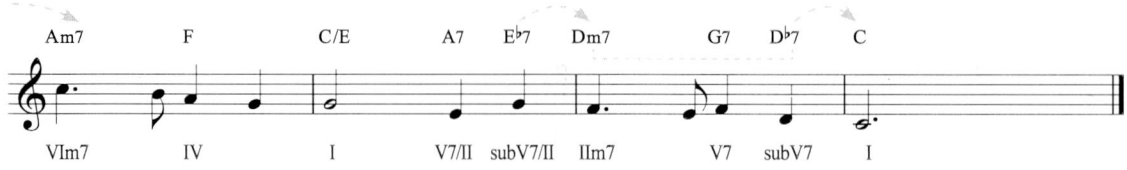

Modal Interchange

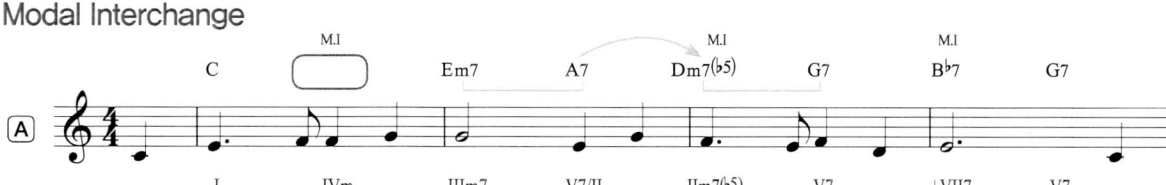

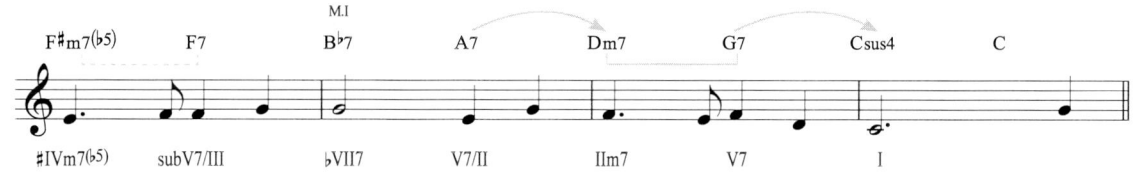

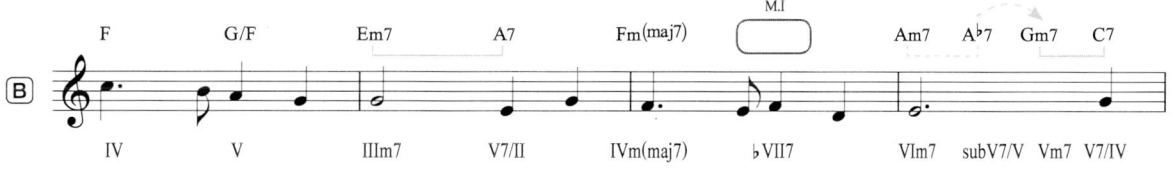

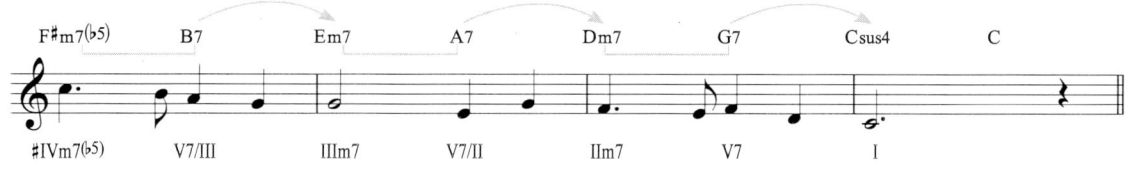

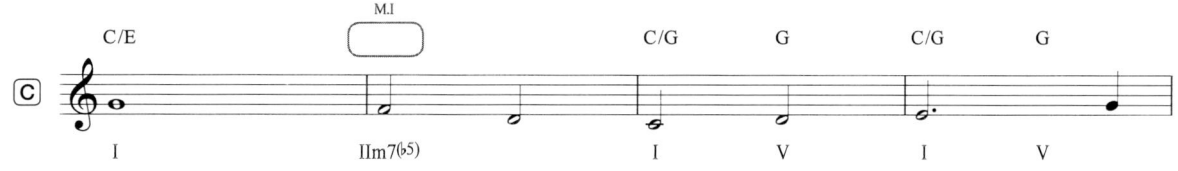

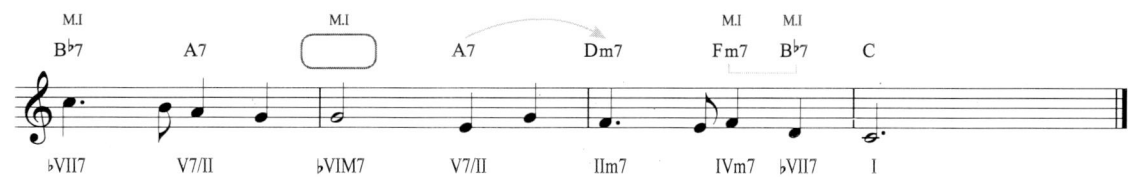

11 할아버지의 시계

원곡

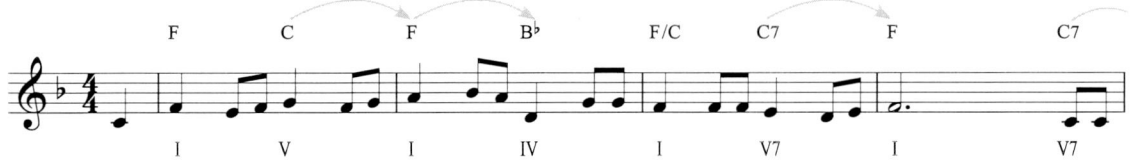

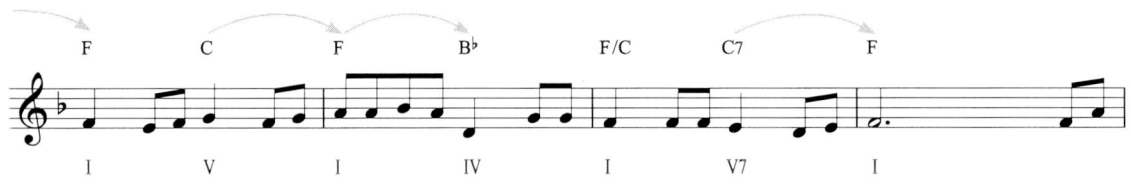

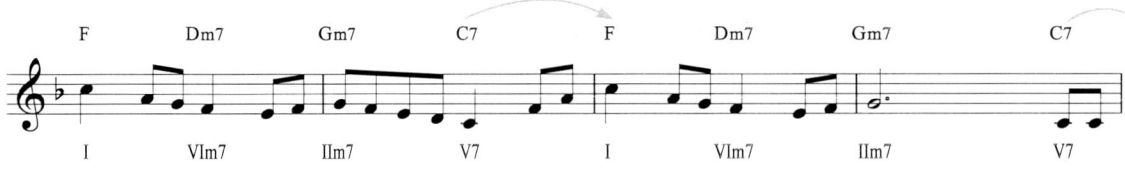

실습문제

◎ '할아버지의 시계' 코드를 새로 바꿔 보세요.

Diatonic

Tip!

★Line Cliche(라인 클리셰)

라인 클리셰는 같은 코드가 연속되는 부분에 변화를 주기 위해 사용되는 반음 혹은 온음의 관용적인
라인을 말합니다. 이 부분에서는 레-도♯-도♮-시를 내성에서 강조시켜 연주합니다.

F Major Key Diatonic Chord를 사용할 수 있습니다.

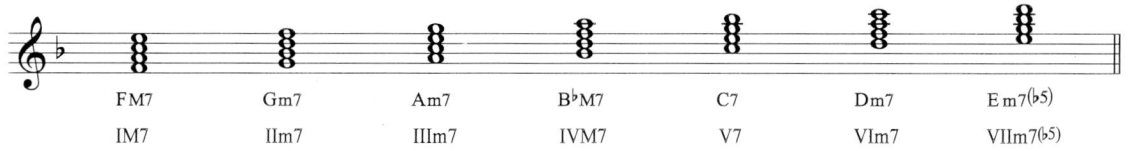

실습문제

◎ '할아버지의 시계' 코드를 새로 바꿔 보세요.

Secondary Dominant

Tip!

Secondary Dominant는 꼭 완전5도 하행으로 해결하지 않아도 되며, 거짓 마침(Deceptive Cadence)의 사용도 가능합니다.

V7/II (D7)	Gm7			
V7/III (E7)	Am7		V7/V (G7)	C7
V7/IV (F7)	B♭M7		V7/VI (A7)	Dm7

Related II V

Tip!

★Extended Dominant(익스텐디드 도미넌트)

Secondary Dominant 의 경우와 마찬가지로, 완전5도 위의 Dominant 7th Chord 를 연속하여 더
사용할 수 있습니다.

More.....
A7	D7	G7	C7	F
V7/V7/V7/V	V7/V7/V	V7/V	V7	I

		IIm7	V7	IM(m)7
V7/II(D7)	⟶	Am7	D7	Gm7
V7/III(E7)	⟶	Bm7	E7	Am7
V7/IV(F7)	⟶	Cm7	F7	B♭M7
V7/V(G7)	⟶	Dm7	G7	C7
V7/VI(A7)	⟶	Em7	A7	Dm7

단, I가 minor일 경우 IIm7은 II$^{(♭5)}$가 될 수도 있습니다.

실습문제

◎ '할아버지의 시계' 코드를 새로 바꾸고 연주해 보세요.

Tritone

Tip!

분석을 할 때 IIm7   V7   IM7(m7) 실선이지만, Tritone 대리코드를 썼을 때는

IIm7   subV7   IM7(m7) 이와 같이 _____ 과 _____ 를 점선으로 표기합니다.

Primary Dominant

V7(C7)의 Tritone 대리코드 ⟶ F#7(G♭7) = sub V7

Secondary Dominant

V7/II(D7)의 Tritone 대리코드 ⟶ A♭7 = sub V7/II

V7/III(E7)의 Tritone 대리코드 ⟶ B♭7 = sub V7/III

V7/IV(F7)의 Tritone 대리코드 ⟶ B7 = sub V7/IV

V7/V(G7)의 Tritone 대리코드 ⟶ D♭7(C#7) = sub V7/V

V7/VI(A7)의 Tritone 대리코드 ⟶ E♭7 = sub V7/VI

Modal Interchange

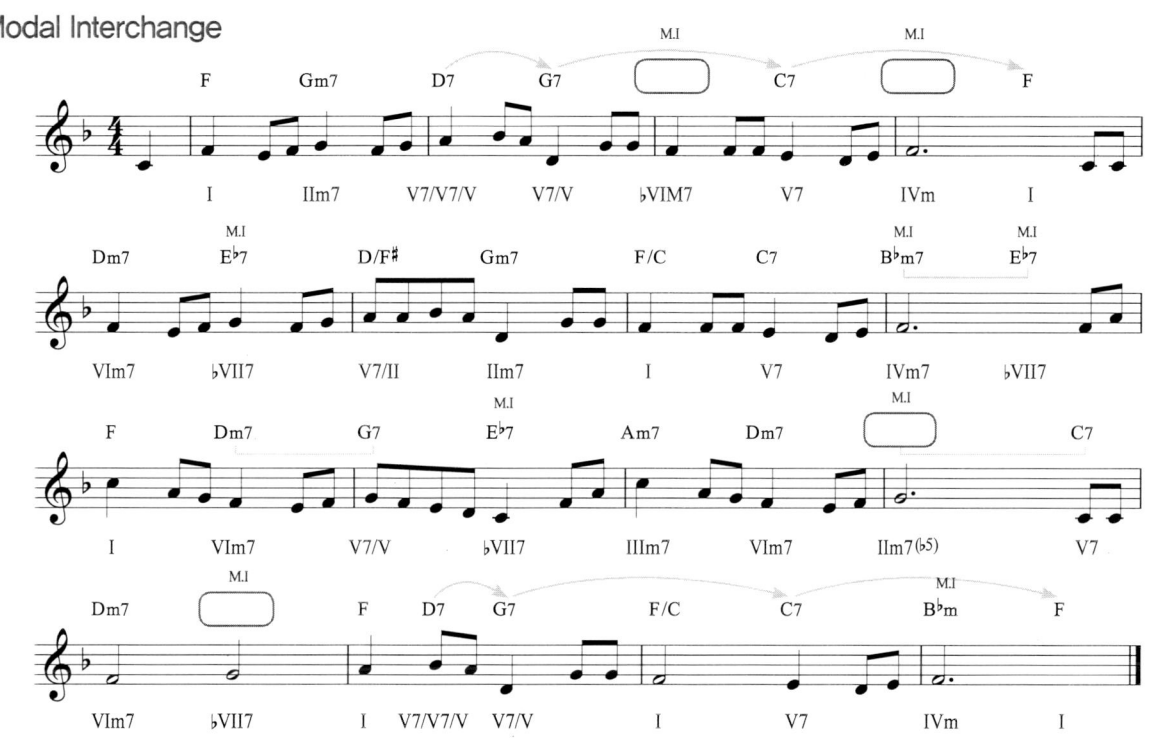

Tip!

로마숫자를 사용하는 Scale Numbering의 기준은 Major Scale이 되므로 ♭IIIM7, ♭IVm7 등 로마숫자 앞에 ♭이나 ♯ 등의 조표가 붙는다는 점에 주의합시다.

Modal Interchange Chord

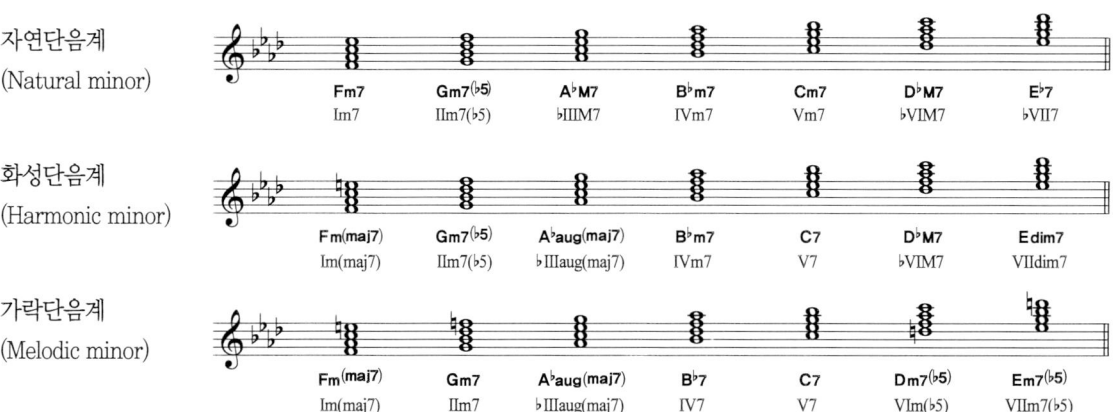

이 세 가지 minor Scale 이외에도 같은 근음을 가지고 있는 다른 Mode Scale로 확장시켜서 사용이 가능합니다. Dorian, Phrygian, Lydian, Mixolydian, Locrian과 같은 Mode를 사용하게 되면 곡의 색채가 매우 독특해질 수 있습니다.

12 애국가

원곡

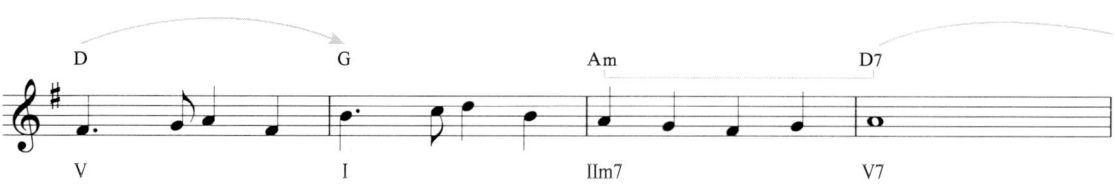

실 습 문 제

◎ '애국가'의 코드를 새로 바꿔 보세요.

Diatonic

Tip!

G Major Key Diatonic Chord 를 사용할 수 있습니다.

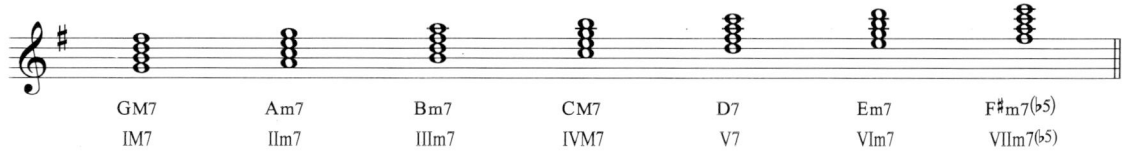

GM7	Am7	Bm7	CM7	D7	Em7	F#m7(♭5)
IM7	IIm7	IIIm7	IVM7	V7	VIm7	VIIm7(♭5)

실 습 문 제

◎ '애국가'의 코드를 새로 바꾸고 연주해 보세요.

Secondary Dominant

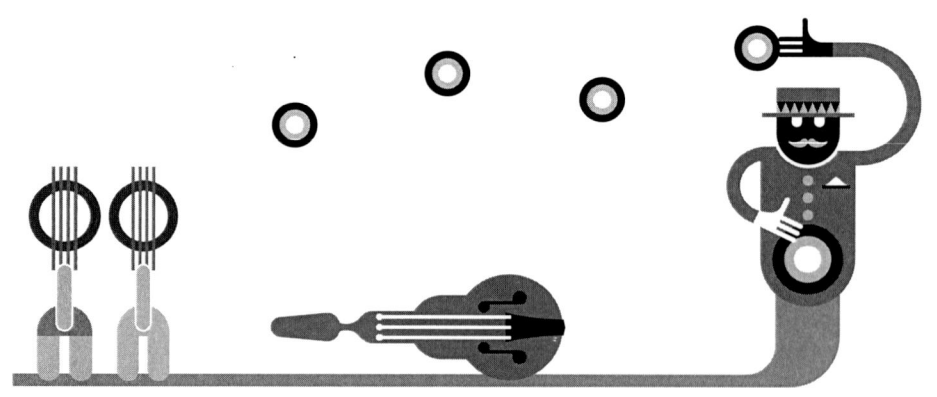

Tip!

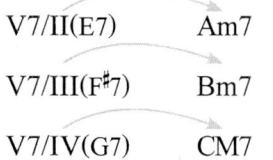

V7/II(E7)	Am7		
V7/III(F#7)	Bm7	V7/V(A7)	D7
V7/IV(G7)	CM7	V7/VI(B7)	Em7

Related II V

Tip!

Secondary Dominant

		IIm7	V7	IM(m)7
V7/II(E7)	→	Bm7	E7	Am7
V7/III(F#7)	→	C#m7	F#7	Bm7
V7/IV(G7)	→	Dm7	G7	CM7
V7/V(A7)	→	Em7	A7	D7
V7/VI(B7)	→	F#m7	B7	Em7

실습문제

◎ '애국가'의 코드를 새로 바꾸고 연주해 보세요.

Tritone 대리코드

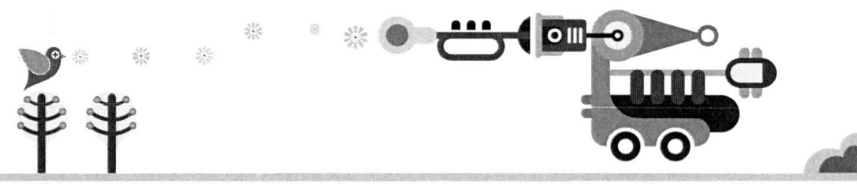

Tip!

Primary Dominant

V7(D7)의 Tritone 대리코드 ──→ A♭7 = sub V7

Secondary Dominant

V7/II(E7)의 Tritone 대리코드 ──→ B♭7 = sub V7/II

V7/III(F#7)의 Tritone 대리코드 ──→ C7 = sub V7/III

V7/IV(G7)의 Tritone 대리코드 ──→ D♭7(C#7) = sub V7/IV

V7/V(A7)의 Tritone 대리코드 ──→ E♭7 = sub V7/V

V7/VI(B7)의 Tritone 대리코드 ──→ F7 = sub V7/VI

Modal Interchange

Tip!

Modal Interchange Chord

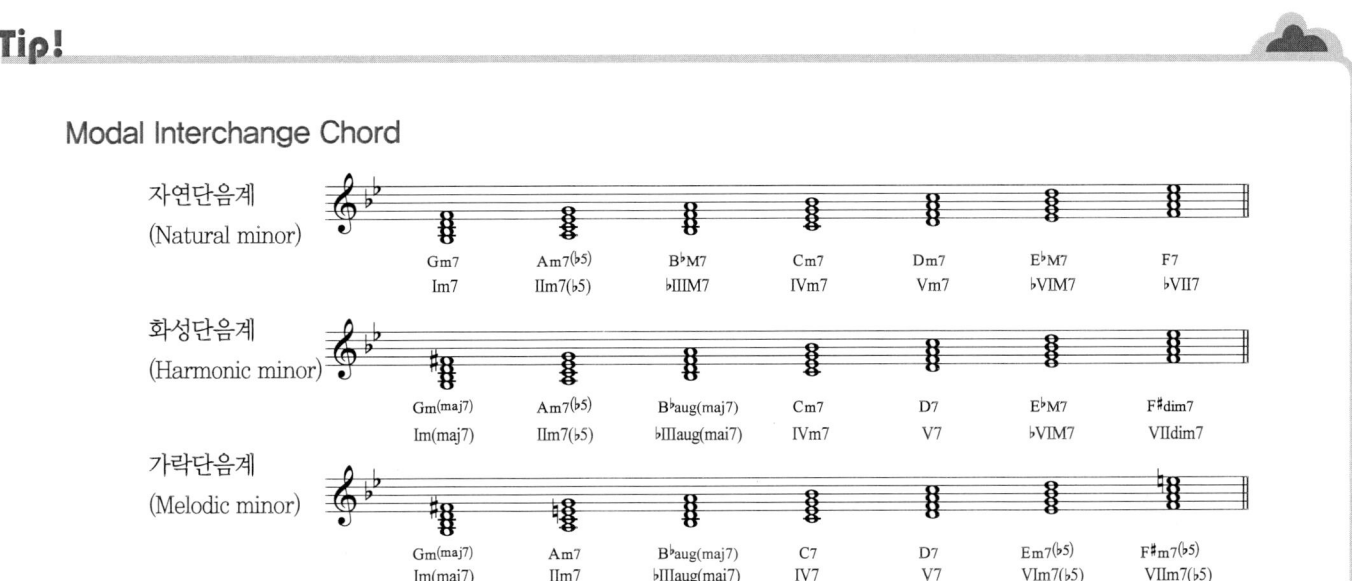

자연단음계 (Natural minor)	Gm7	Am7(♭5)	B♭M7	Cm7	Dm7	E♭M7	F7
	Im7	IIm7(♭5)	♭IIIM7	IVm7	Vm7	♭VIM7	♭VII7

화성단음계 (Harmonic minor)	Gm(maj7)	Am7(♭5)	B♭aug(maj7)	Cm7	D7	E♭M7	F#dim7
	Im(maj7)	IIm7(♭5)	♭IIIaug(mai7)	IVm7	V7	♭VIM7	VIIdim7

가락단음계 (Melodic minor)	Gm(maj7)	Am7	B♭aug(maj7)	C7	D7	Em7(♭5)	F#m7(♭5)
	Im(maj7)	IIm7	♭IIIaug(mai7)	IV7	V7	VIm7(♭5)	VIIm7(♭5)

리하모니제이션 실습

13 Over The Rainbow

원곡

[A] (악보)

B♭ Gm7 Dm7 B♭7 E♭ Dm7 G7
I VIm7 IIIm7 V7/IV IV IIIm7 V7/II

E♭ E♭m B♭ G7 C7 F7 B♭
IV IVm I V7/V7/V V7/V V7 I

[A'] (악보)

B♭ Gm7 Dm7 B♭7 E♭ Dm7 G7
I VIm7 IIIm7 V7//V IV IIIm7 V7/II

E♭ E♭m B♭ G7 C7 F7 B♭ F7
IV IVm I V7/V7/V V7/V V7 I V7

[B] (악보)

B♭ E♭ B♭ F7
I IV I V7

B♭ C♯dim7 F7 Cm7 F7
I ♯IIdim7 V7 IIm7 V7

[A'] (악보)

B♭ Gm7 Dm7 B♭7 E♭ Dm7 G7
I VIm7 IIIm7 V7/IV IV IIIm7 V7/II

E♭ E♭m B♭ G7 C7 F7 B♭
IV IVm I V7/V7/V V7/V V7 I

실 습 문 제

◎ 'Over The Rainbow'의 코드를 새로 바꿔 보세요.

Diatonic

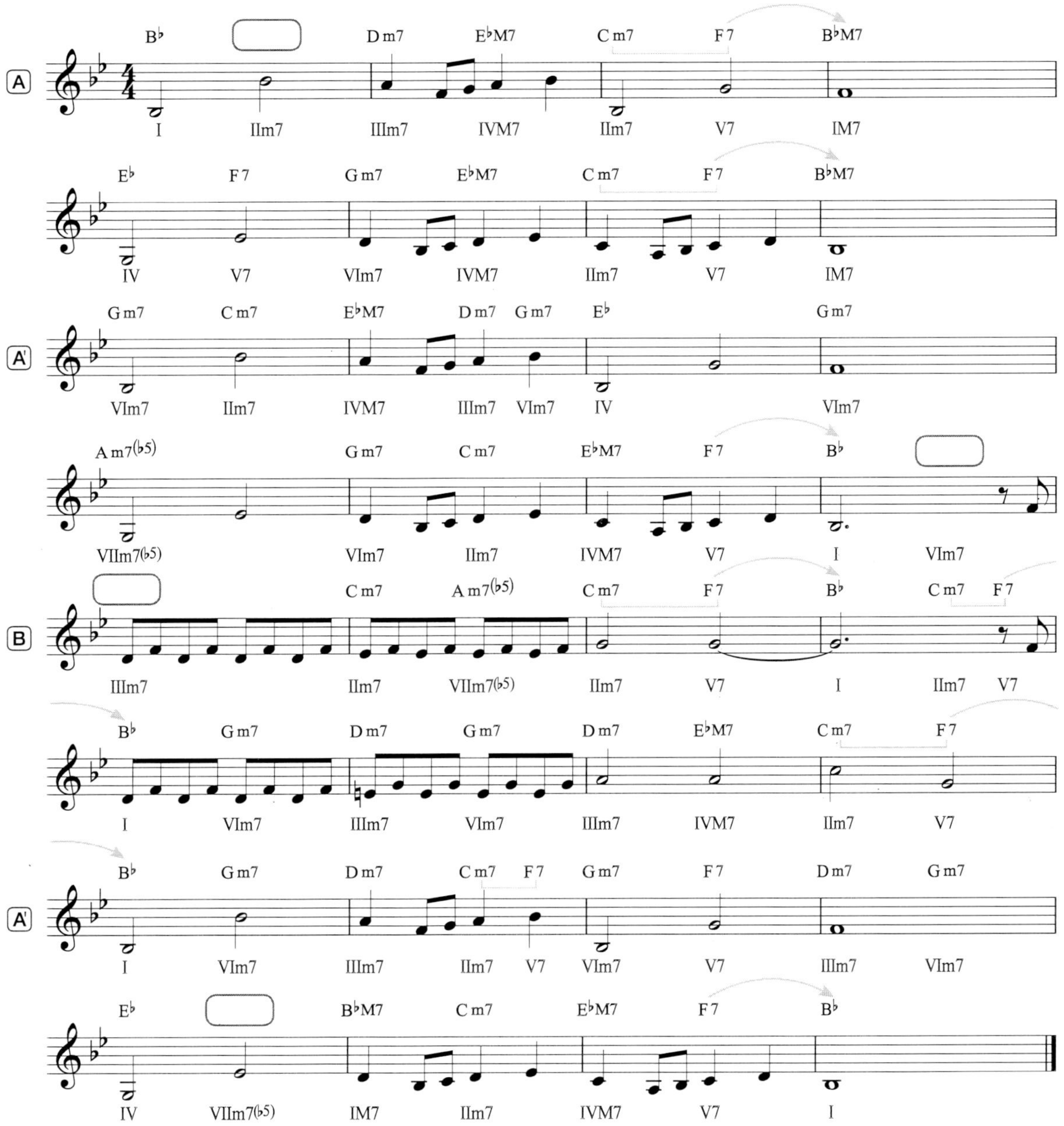

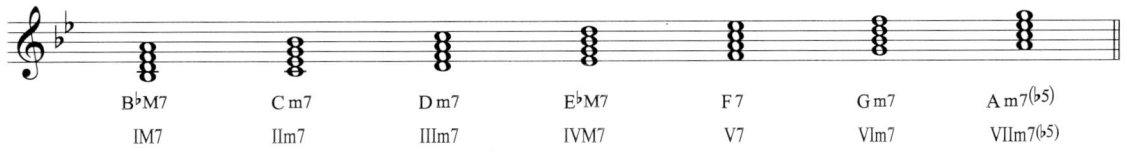

실습문제

◉ 'Over The Rainbow'의 코드를 새로 바꾸고 연주해 보세요.

Secondary Dominant

(악보)

A
B♭	Gm7	Dm7			F7	B♭	
I	VIm7	IIIm7	V7/V7/V	V7/V	V7	I	

Am7(♭5)	D7	Gm7	G7	Cm7	F7	B♭	D7
VIIm7(♭5)	V7/VI	VIm7	V7/II	IIm7	V7	I	V7/VI

A'
Gm7	A7(♭9)	Dm7	Cm7	F7	E♭	A7(♭9)	Dm7	B♭7
VIm7	V7/III	IIIm7	IIm7	V7	IV	V7/III	IIIm7	V7/IV

E♭M7		Dm7	G7	Cm7	F7	B♭	F7
IVM7	VII/VI	IIIm7	V7/II	IIm7	V7	I	V7

B
B♭/F	Cm7/F	C7	Cm7	Fm7	B♭7
I	IIm7	V7/V	IIm7	Vm7	I

E♭M7	Gm7	Dm7	A7	Cm7	D7
IVM7	VIm7	V7/III	IIIm7	V7/III	IIm7	V7/VI

A'
Gm7	A7	Dm7	B♭7	E♭M7	A7	Dm7	G7
VIm7	V7/III	III7	I	IVM7	V7/III	IIIm7	V7/II

Cm7	Am7(♭5)	Gm7	G7	C7	F7	B♭
IIm7	VIIm7(♭5)	VIm7	V7/II	V7/V	V7	I

Tip!

V7/II(G7)	Cm7
V7/III(A7)	Dm7
V7/IV(B♭7)	E♭M7

V7/V(C7)	F7
V7/VI(D7)	Gm

Related II V

Tip!

		IIm7	**V7**	**IM(m)7**			**IIm7**	**V7**	**IM(m)7**
V7/II(G7)	→	Dm7	G7	Cm7					
V7/III(A7)	→	Em7	A7	Dm7	V7/V(C7)	→	Gm7	C7	F7
V7/IV(B♭7)	→	Fm7	B♭7	E♭M7	V7/VI(D7)	→	Am7	D7	Gm7

실습문제

◎ 'Over The Rainbow'의 코드를 새로 바꾸고 연주해 보세요.

Tritone 대리코드

[악보]

Tip!

Primary Dominant

V7(F7)의 Tritone 대리코드 ——→ B7 = subV7

Secondary Dominant

V7/II(G7)의 Tritone 대리코드 ——→ D♭7(C#7) = sub V7/II

V7/III(A7)의 Tritone 대리코드 ——→ E♭7 = sub V7/III

V7/IV(B♭7)의 Tritone 대리코드 ——→ E7 = sub V7/IV

V7/V(C7)의 Tritone 대리코드 ——→ F#7(G♭7) = sub V7/V

V7/VI(D7)의 Tritone 대리코드 ——→ A♭7 = sub V7/VI

Modal Interchange

Tip!

Modal Interchange Chord

14 석별의 정(Auld Lang Syne)

원곡

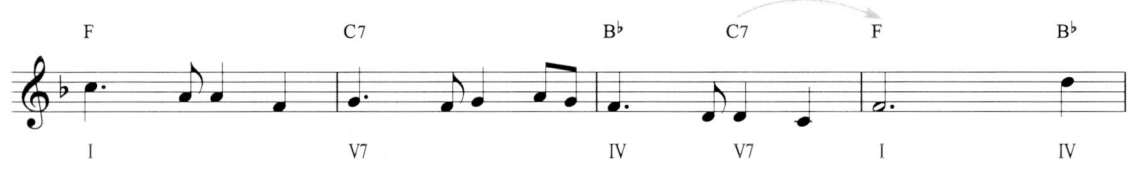

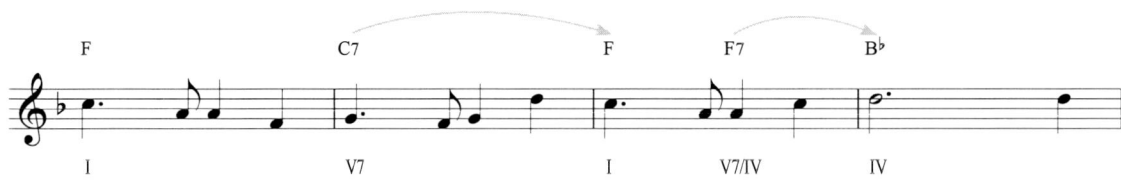

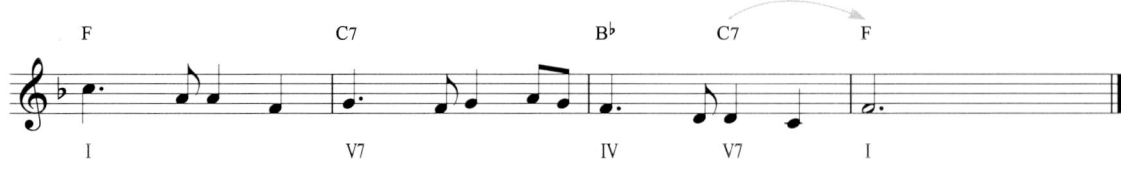

실습문제

◎ '석별의 정' 코드를 새로 바꿔 보세요.

Diatonic Chord

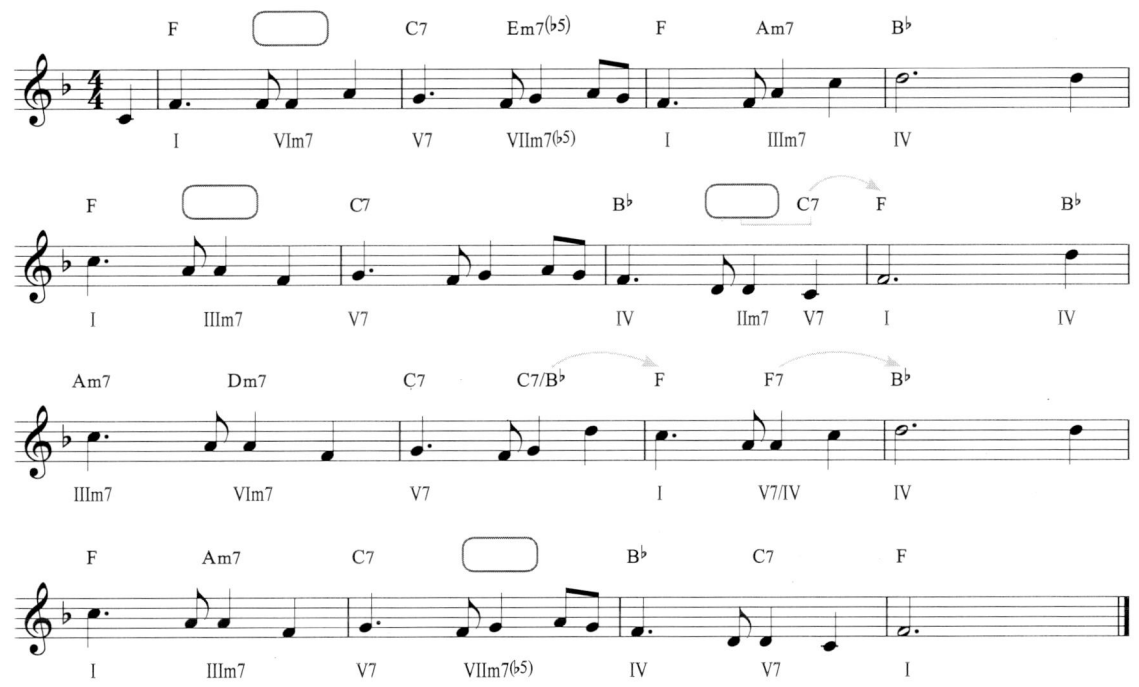

F Major Key Diatonic Chord를 사용할 수 있습니다.

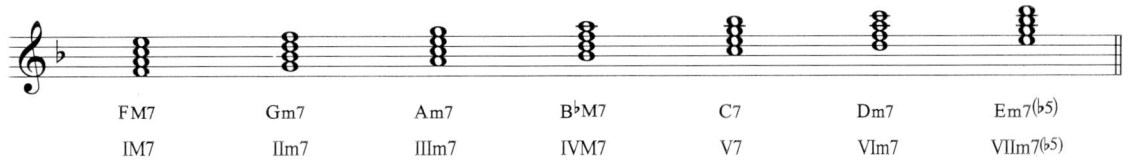

FM7	Gm7	Am7	B♭M7	C7	Dm7	Em7(♭5)
IM7	IIm7	IIIm7	IVM7	V7	VIm7	VIIm7(♭5)

실 습 문 제

◎ '석별의 정' 코드를 새로 바꾸고 연주해 보세요.

Secondary Dominant

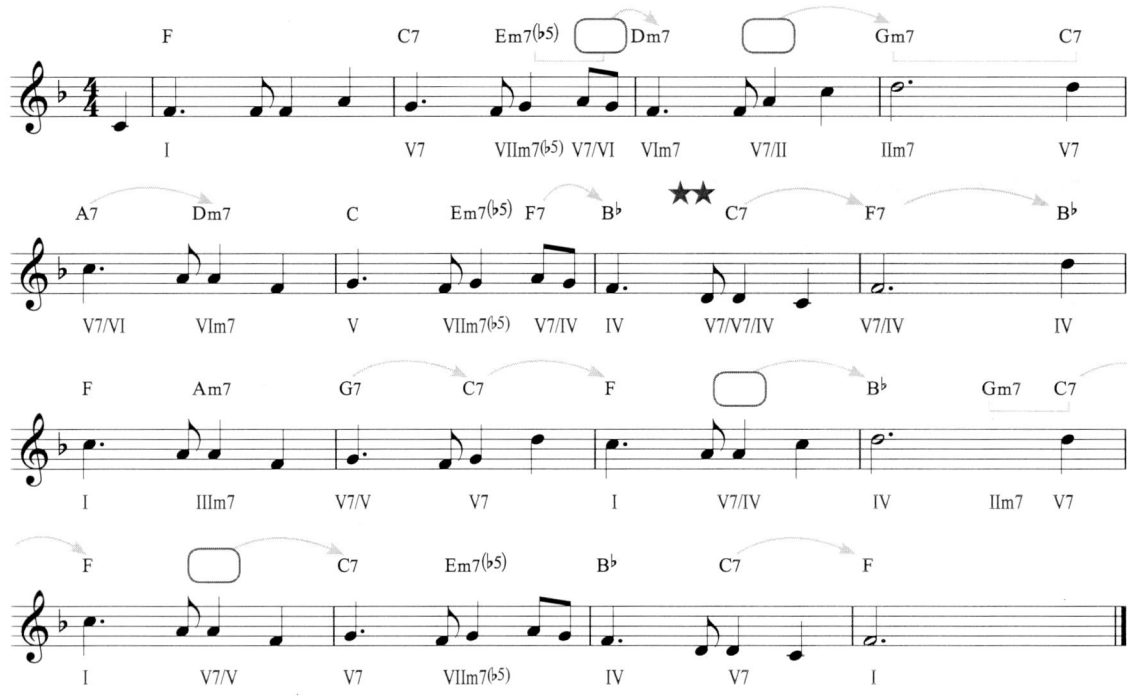

Tip!

Extended Dominant(익스텐디드 도미넌트)

Secondary Dominant의 경우와 마찬가지로, 완전5도 위의 Dominant 7th Chord를 연속하여 더 사용할 수 있습니다.

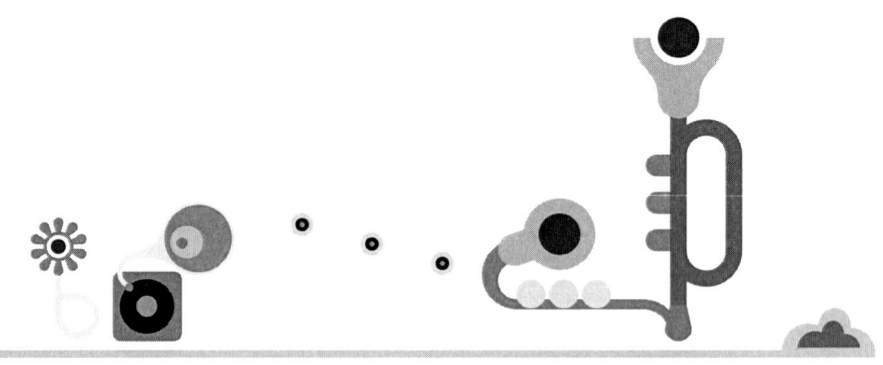

Related II V

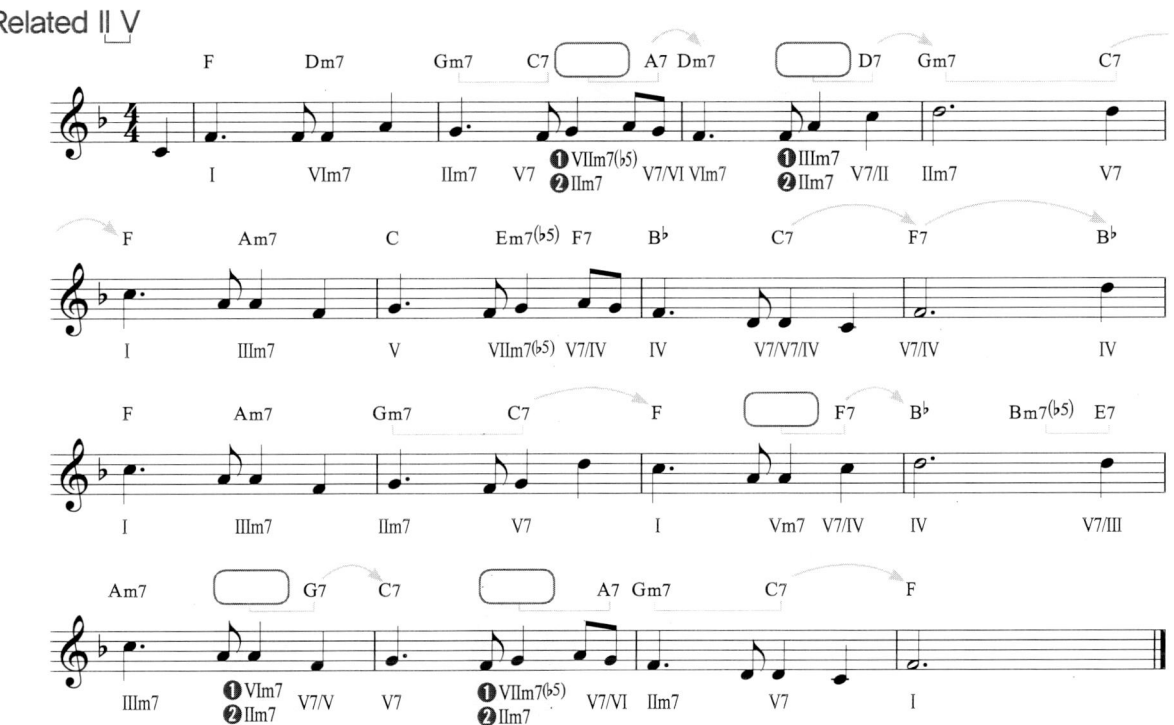

Tip!

Dual Function(듀얼 펑션)

어떤 코드가 두 가지 역할을 동시에 갖고 있을 때 D.F(Dual Function)라고 합니다.

❶ Diatonic Chord 로서의 역할

❷ 뒤에 나오는 Secondary Domianat의 IIm7으로서의 역할

	IIm7	V7	IM(m)7
V7/II(D7)	Am7	D7	Gm7
V7/III(E7)	Bm7	E7	Am7
V7/IV(F7)	Cm7	F7	B♭M7
V7/V(G7)	Dm7	G7	C7
V7/VI(A7)	Em7	A7	Dm7

I가 minor일 경우 IIm7은 IIm7(♭5)가 될 수도 있습니다.

실 습 문 제

◎ '석별의 정' 코드를 새로 바꾸고 연주해 보세요.

Tritone 대리코드

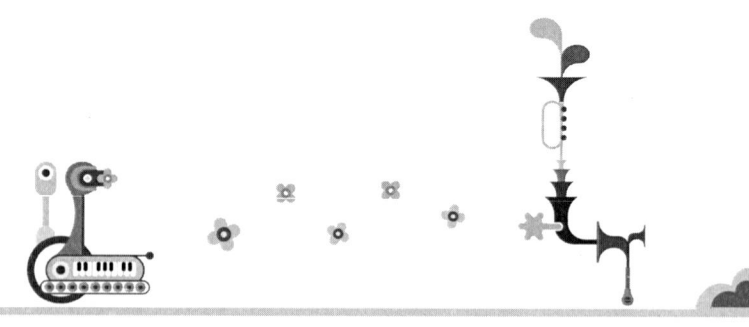

Tip!

Primary Dominant

V7(C7)의 Tritone 대리코드 → F#7(G♭7) = sub V7

Secondary Dominant

V7/II(D7)의 Tritone 대리코드 → A♭7 = sub V7/II

V7/III(E7)의 Tritone 대리코드 → B♭7 = sub V7/III

V7/IV(F7)의 Tritone 대리코드 → B7 = sub V7/IV

V7/V(G7)의 Tritone 대리코드 → D♭7(C#7) = sub V7/V

V7/VI(A7)의 Tritone 대리코드 → E♭7 = sub V7/VI

Modal Interchange

Tip!

Modal Interchange Chord

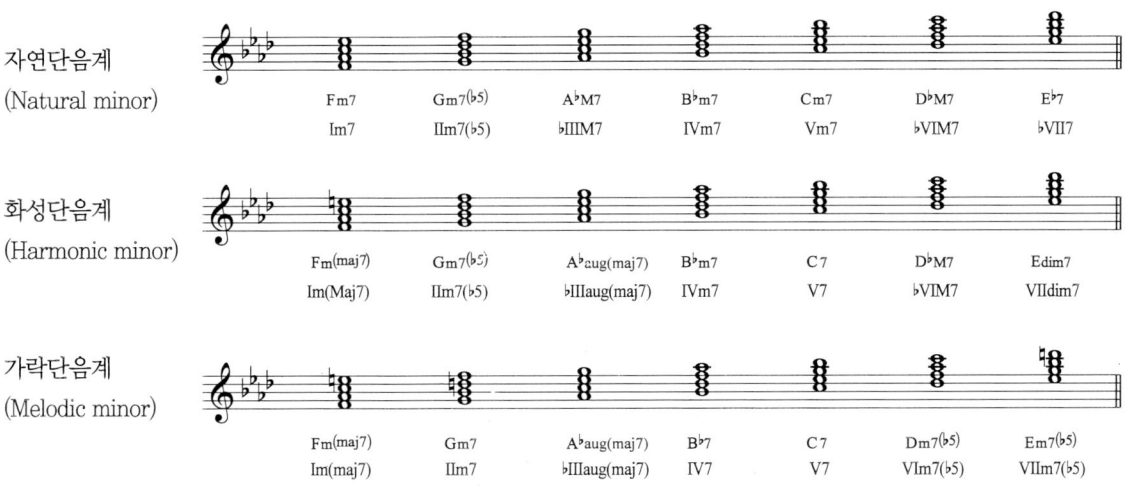

자연단음계 (Natural minor)	Fm7	Gm7(♭5)	A♭M7	B♭m7	Cm7	D♭M7	E♭7
	Im7	IIm7(♭5)	♭IIIM7	IVm7	Vm7	♭VIM7	♭VII7
화성단음계 (Harmonic minor)	Fm(maj7)	Gm7(♭5)	A♭aug(maj7)	B♭m7	C7	D♭M7	Edim7
	Im(Maj7)	IIm7(♭5)	♭IIIaug(maj7)	IVm7	V7	♭VIM7	VIIdim7
가락단음계 (Melodic minor)	Fm(maj7)	Gm7	A♭aug(maj7)	B♭7	C7	Dm7(♭5)	Em7(♭5)
	Im(maj7)	IIm7	♭IIIaug(maj7)	IV7	V7	VIm7(♭5)	VIIm7(♭5)

15 사랑하기 때문에

원곡

실습문제

◎ '사랑하기 때문에'의 코드를 새로 바꿔 보세요.

Diatonic

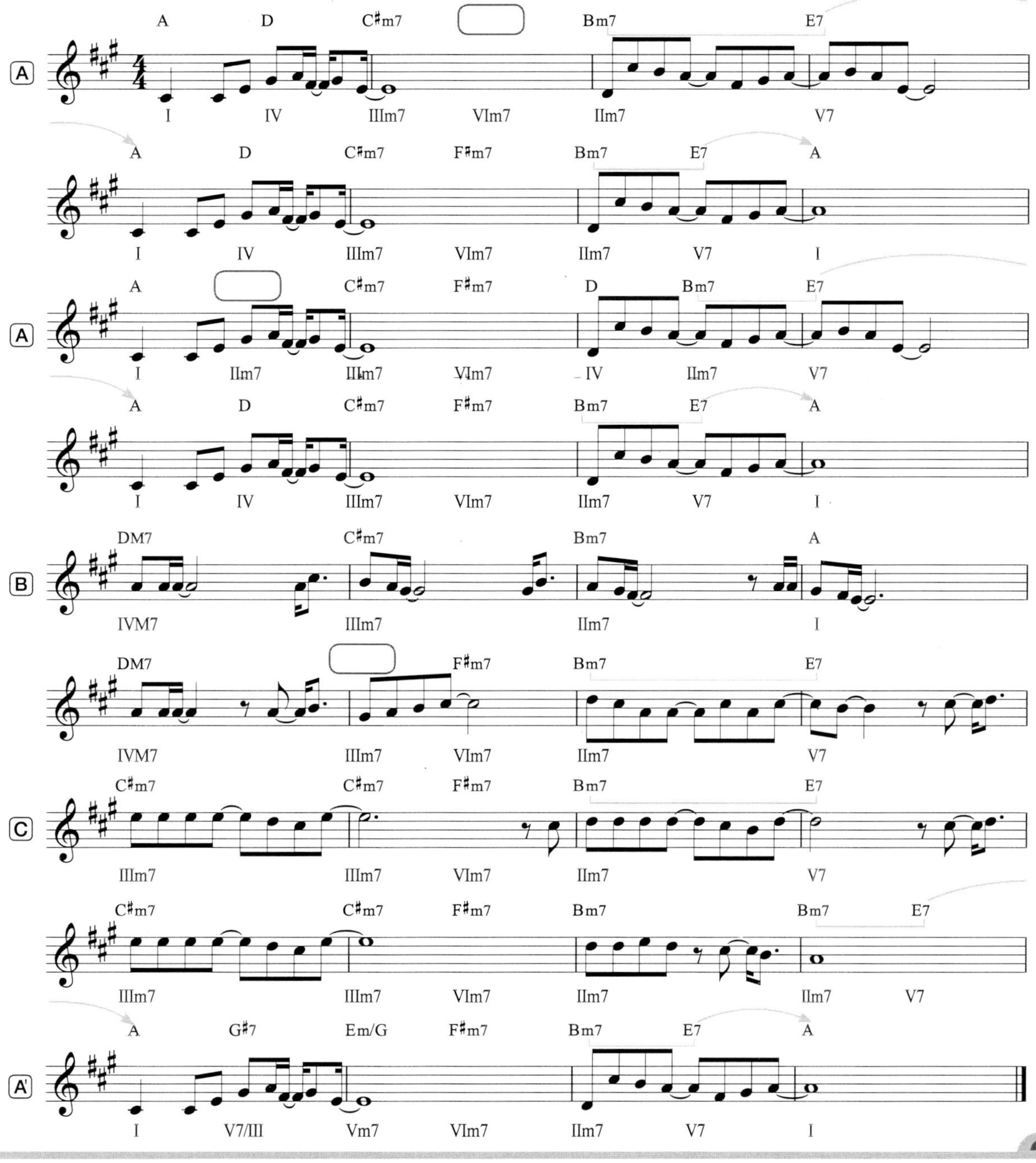

Tip!

A Major Key Diatonic Chord를 사용할 수 있습니다.

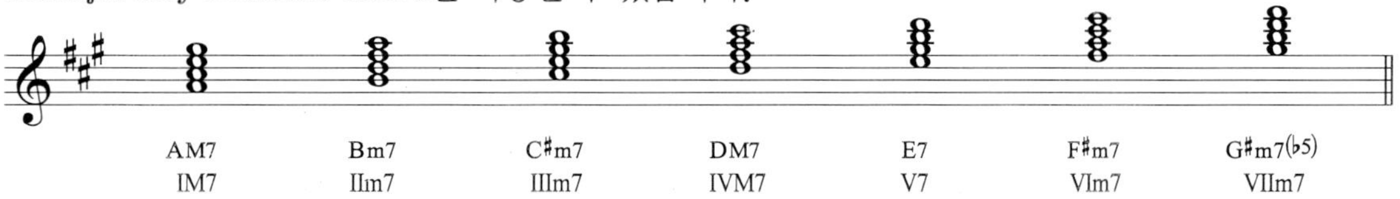

AM7	Bm7	C#m7	DM7	E7	F#m7	G#m7(♭5)
IM7	IIm7	IIIm7	IVM7	V7	VIm7	VIIm7

실습문제

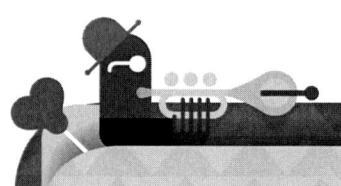

◎ '사랑하기 때문에'의 코드를 새로 바꾸고 연주해 보세요.

Secondary Dominant

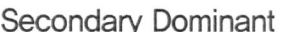

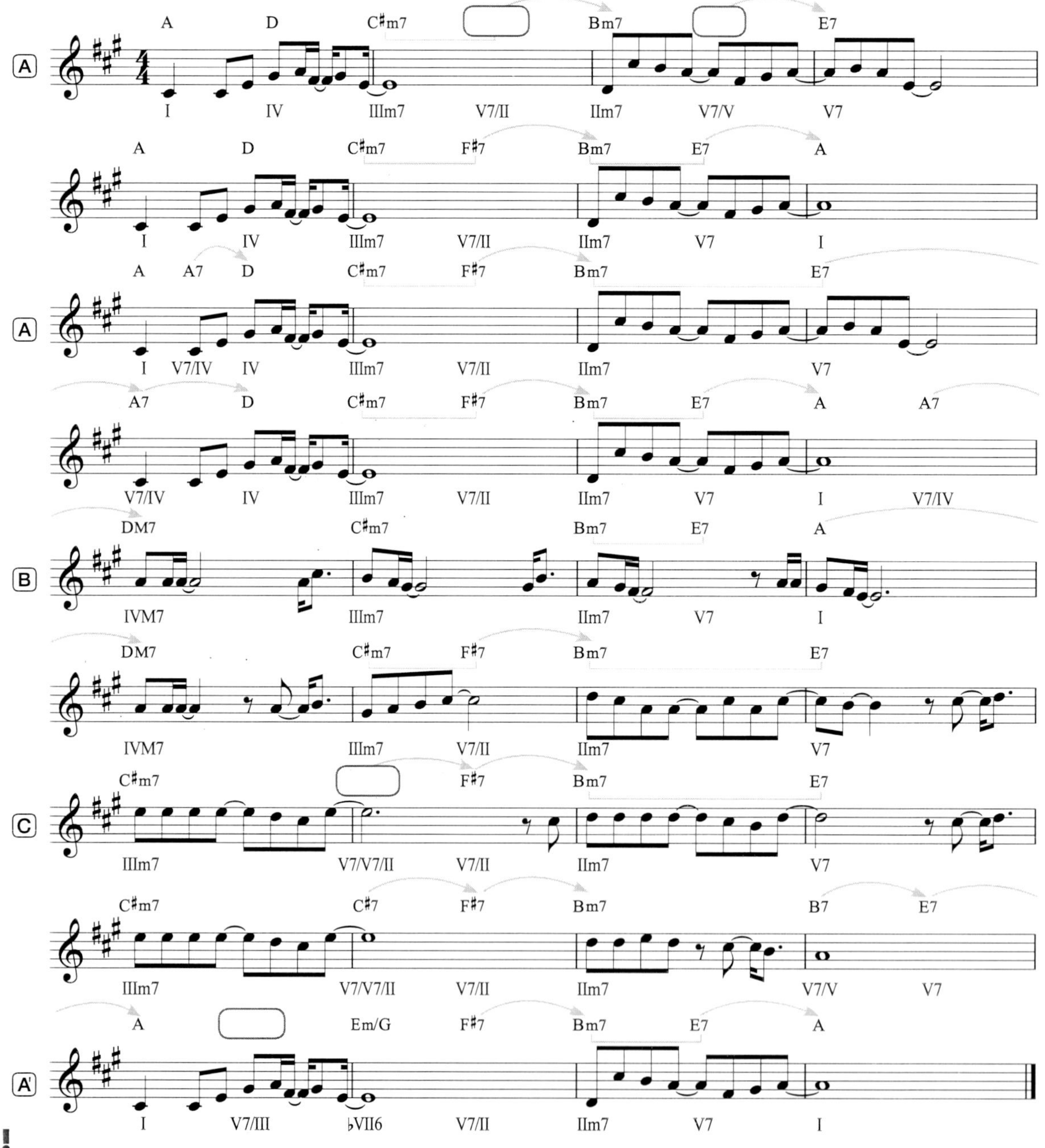

Tip!

V7/II(F#7)	Bm7		
V7/III(G#7)	C#m7	V7/V(B7)	E7
V7/IV(A7)	DM7	V7/VI(C#7)	F#m7

Related II V

Tip!

	IIm7	V7	IM(m)7
V7/II(F♯7) →	C♯m7	F♯7	Bm7
V7/III(G♯7) →	D♯m7	G♯7	C#m7

	IIm7	V7	IM(m)7
V7/IV(A7) →	Em7	A7	DM7
V7/V(B7) →	F♯m7	B7	E7
V7/VI(C♯7) →	G♯m7	C♯7	F♯m7

◎ '사랑하기 때문에'의 코드를 새로 바꾸고 연주해 보세요.

Tritone 대리코드

Tip!

Primary Dominant

V7(E7)의 Tritone 대리코드 → B♭7 = sub V7

Secondary Dominant

V7/II(F#7) 의 Tritone 대리코드 → C7 = sub V7/II

V7/III(G#7)의 Tritone 대리코드 → D7 = sub V7/III

V7/IV(A7)의 Tritone 대리코드 → E♭7 = sub V7/IV

V7/V(B7)의 Tritone 대리코드 → F7 = sub V7/V

V7/VI(C#7)의 Tritone 대리코드 → G7 = sub V7/VI

Modal Interchange

Tip!

Modal Interchange Chord

실용음악대학 입시문제집 **5**

건반화성 평가 · 예상문제집

발행일 2013년 2월 10일
편저 한국재즈교육연구회

편집 대니원, 강정은
영업 현석호, 신창식 · **관리** 남영애, 김명희

발행처 스코어
발행인 정상우
출판등록 2012년 6월 7일 제 313-2012-196호
주소 서울시 은평구 증산로 9길 32 (03496)
전화 02)333-3705 · **팩스** 02)333-3748

ISBN 978-89-98522-25-4-14670
　　　978-89-98522-20-9 (세트)

정답

27p~39p

126 | 건반화성

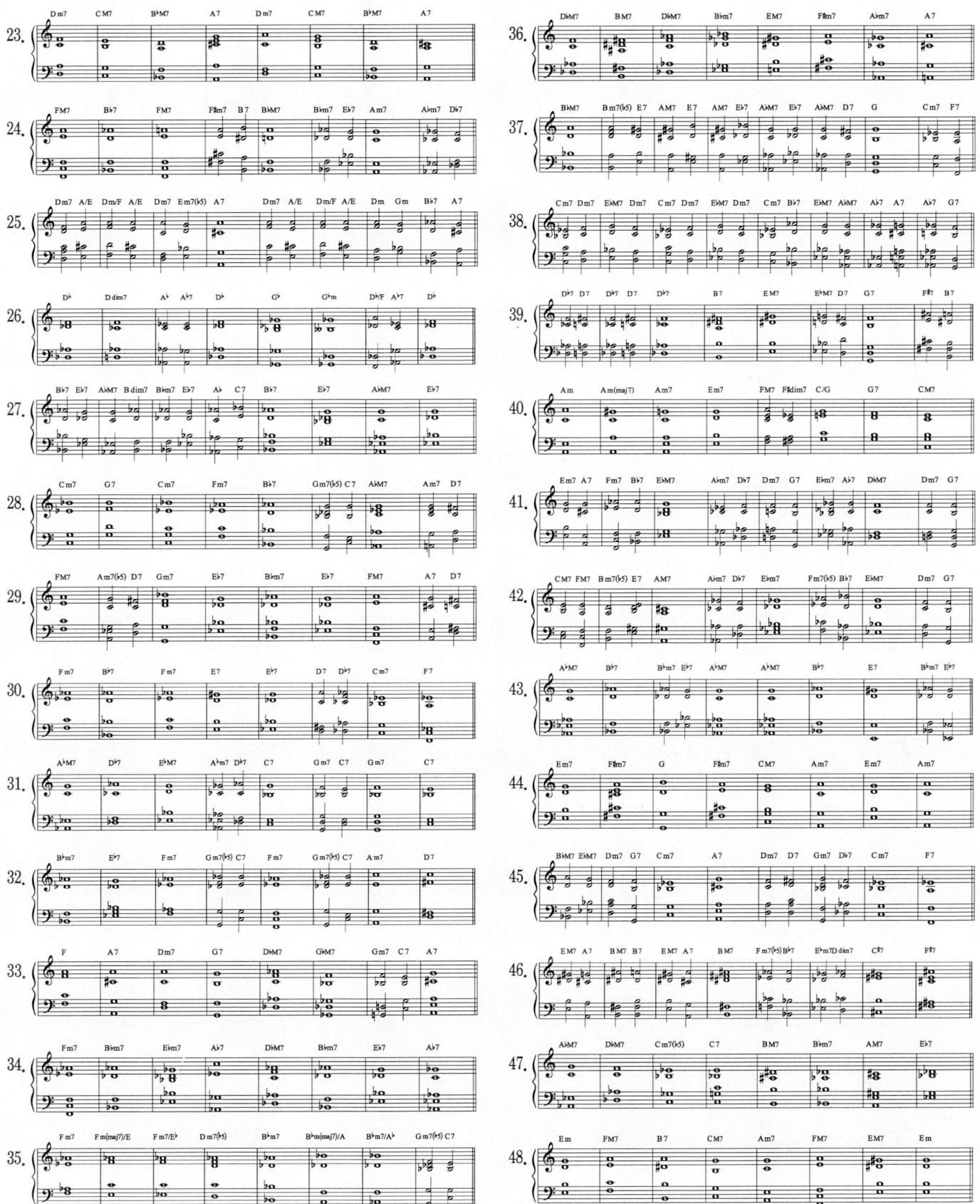

정답

49.

50.

63p

Modal Interchange   Dm7(♭5), E♭M7, B♭7

65p

Diatonic   Em7, Am7, Dm7, Bm7(♭5)
Secondary Dominant   C7, E7, D7, A7

47p

Diatonic   Dm7, Am7, Em7, Dm7

66p

Related Ⅱ_Ⅴ   Gm7, Bm7(♭5), Am7, Dm7
Tritone   F♯7, A♭7, D♭7, F♯7, B♭7

50p

Secondary Dominant   B7, D7, C7, A7
Related Ⅱ_Ⅴ   F♯m7(♭5), Am7, Gm7, Em7

67p

Modal Interchange   E♭M7, B♭7, Dm7(♭5), A♭M7

54p

Tritone   F7, E♭7, A♭7, B♭7, D♭7
Modal Interchange   A♭M7, B♭7, E♭M7, Dm7(♭5)

69p

Diatonic   Em7, Am7, Bm7(♭5), Dm7
Secondary Dominant   C7, A7, E7, D7

57p

Diatonic   Am7, Dm7, Bm7(♭5), Em7
Secondary Dominant   A7, D7, E7, C7

70p

Related Ⅱ_Ⅴ   Em7, Bm7(♭5), Am7, Dm7
Tritone   E♭7, D♭7, B♭7, A♭7

58p

Related Ⅱ_Ⅴ   Dm7, Am7, Em7, Bm7(♭5), Gm7
Tritone   D♭7, A♭7, B♭7, F♯7

71p

Modal Interchange   E♭M7, Fm7, A♭M7, B♭7

59p

Modal Interchange   Fm7, Dm7(♭5), B♭7, E♭M7

73p

Diatonic   Em7, Am7, Bm7(♭5), Dm7
Secondary Dominant   A7, C7, D7, E7

61p

Diatonic   Em7, Bm7(♭5), Am7, Dm7
Secondary Dominant   D7, A7, B7

74p

Related Ⅱ_Ⅴ   Bm7(♭5), F♯m7(♭5), Am7, Gm7
Tritone   A♭7, B♭7, E♭7, D♭7

62p

Related Ⅱ_Ⅴ   F♯m7(♭5), Am7, Em7, Gm7
Tritone   E♭7, D♭7, A♭7, G♭7

75p

Modal Interchange   E♭M7, B♭7, A♭M7, Dm7(♭5)

77p

Diatonic   Am7, Em7, Bm7$^{(\flat5)}$, Dm7

Secondary Dominant   C7, E7, D7, A7

78p

Related ll_V   Bm7$^{(\flat5)}$, Gm7, Em7, F#m7$^{(\flat5)}$, Am7

Tritone   B$\flat$7, E$\flat$7, D$\flat$7, A$\flat$7

79p

Modal Interchange   E$\flat$M7, A$\flat$M7, Dm7$^{(\flat5)}$

81p

Diatonic   Am7, Bm7$^{(\flat5)}$, Em7, Dm7

Secondary Dominant   C7, D7, E7, A7

82p

Related ll_V   Gm7, Bm7$^{(\flat5)}$, F#m7$^{(\flat5)}$, Am7

Tritone   F#7, B$\flat$7, A$\flat$7, D$\flat$7

83p

Modal Interchange   B$\flat$7, E$\flat$M7, Fm, A$\flat$M7

85p

Diatonic   Dm7, Em7, Am7, Bm7$^{(\flat5)}$

Secondary Dominant   B7, C7, D7, E7

86p

Related ll_V   Gm7, F#m7$^{(\flat5)}$, Em7$^{(\flat5)}$, Am7

Tritone   E$\flat$7, G$\flat$7, D$\flat$7, A$\flat$7

87p

Modal Interchange   E$\flat$M7, Fm, B$\flat$7

89p

Diatonic   Dm7, Am7, Em7, Bm7$^{(\flat5)}$

90p

Secondary Dominant   A7, C7, B7, D7

91p

Related ll_V   Em7$^{(\flat5)}$, F#m7$^{(\flat5)}$, Am7, Bm7$^{(\flat5)}$

92p

Tritone   E$\flat$7, D$\flat$7, F7, B$\flat$7

93p

Modal Interchange   Fm, B$\flat$7, Dm7$^{(\flat5)}$, A$\flat$M7

95p

Diatonic   Gm7, Am7, Em7$^{(\flat5)}$, Dm7

96p

Secondary Dominant   D7, G7, A7, E7

97p

Related ll_V   Em7$^{(\flat5)}$, Bm7$^{(\flat5)}$, Cm7, Am7

98p

Tritone   E$\flat$7, A$\flat$7, B7, G$\flat$7, D$\flat$7

99p

Modal Interchange   D$\flat$M7, B$\flat$m, Gm7$^{(\flat5)}$, E$\flat$7

101p

Diatonic   Am7, Em7, Bm7

102p

Secondary Dominant   E7, A7, B7

103p

Related II V   Am7, F#m7$^{(\flat 5)}$, Bm7$^{(\flat 5)}$, Dm7

104p

Tritone   A$\flat$7, F7, E$\flat$7, B$\flat$7

105p

Modal Interchange   E$\flat$M7, B$\flat$M7, F7

107p

Diatonic   Cm7, Gm7, Dm7, Am7$^{(\flat 5)}$

108p

Secondary Dominant   G7, C7, D7, A7

109p

Related II V   Dm7, Em7$^{(\flat 5)}$, Fm7, Gm7

110p

Tritone   D$\flat$7, B7, G$\flat$7, E$\flat$7

111p

Modal Interchange   G$\flat$M7, E$\flat$m, D$\flat$M7, A$\flat$7

113p

Diatonic   Dm7, Am7, Gm7, Em7$^{(\flat 5)}$

114p

Secondary Dominant   A7, D7, F7, G7

115p

Related II V   Em7$^{(\flat 5)}$, Am7, Cm7, Dm7, Em7$^{(\flat 5)}$

116p

Tritone   E$\flat$7, A$\flat$7, B7, D$\flat$7, F#7

117p

Modal Interchange   Gm7$^{(\flat 5)}$, B$\flat$7, D$\flat$M7, E$\flat$7

119p

Diatonic   F#m7, Bm7, C#m7

120p

Secondary Dominant   F#7, B7, C#7, G#7

121p

Related II V   C#m7, D#m7$^{(\flat 5)}$, Em7, Bm7$^{(\flat 5)}$

122p

Tritone   C7, F7, D7, G7

123p

Modal Interchange   FM7, G7, Dm7

Memo